Harro
mit herzlichen Wünschen
zum runden Geburtstag
   sein Michael

28. VI. 80

MICHAEL STETTLER · RAT DER ALTEN

MICHAEL STETTLER

RAT DER ALTEN

BEGEGNUNGEN UND BESUCHE

DRITTE ERWEITERTE AUFLAGE

VERLAG STÄMPFLI & CIE AG BERN
MCMLXXX

©

VERLAG STÄMPFLI & CIE AG BERN · 1980
PRINTED IN SWITZERLAND
ISBN 3-7272-9710-7

WILHELM STEIN
ZUM GEDENKEN

INHALT

Vorwort   9
Taubenfüssigkeit der Grösse   11

Bernard Berenson   23
Ludwig Curtius   35
Principe Doria   47
Pius XI.   55
Gonzague de Reynold   65
Theodor Heuss   77
Robert Boehringer   85
Carl J. Burckhardt   111
Heinrich Wölfflin   121
Oskar Reinhart   135
Robert von Hirsch   153
Rudolf Riggenbach   175
Rudolf von Tavel   187
Karl Wolfskehl   199
Stefan George   207

Hinweise   217

VORWORT ZUR DRITTEN AUFLAGE

Dieses Buch möchte von dem Vergnügen erzählen, das dem Verfasser in kürzerem oder längerem Umgang mit an Jahren Älteren – sie waren alle noch im letzten Jahrhundert geboren – zuteilgeworden ist, und ihnen dafür danken. Hinter jedem dieser Grand Old Men stand im Augenblick der Begegnung ein abgerundetes, zum Teil weithin sichtbares Lebenswerk. Nicht davon soll indessen hier die Rede sein, wohl aber von der Ausstrahlung eines unabhängigen Menschentums, das sich in Gesicht und Gebärde bis ins Episodische hinein deutlicher kundtut als durch Mahnwort oder Lehre. Je mehr Europa, unser alter heimgesuchter Kontinent, einer globalen Gleichmacherei entgegentreibt, desto heller hebt sich die Erinnerung an die unverwechselbare, frei entfaltete Persönlichkeit von ihr ab.

Ortbühl, Steffisburg, im Frühling 1980

TAUBENFÜSSIGKEIT DER GRÖSSE

*Das Talent ist reich,
das Genie ist einfach.*
JEAN PAUL

Im September 1965 beging die Smithsonian Institution in Washington D.C. den zweihundertsten Geburtstag ihres Stifters. James Smithson, ein Sohn des Herzogs von Devonshire, hatte, ohne je in Amerika gewesen zu sein, das ihm zugekommene Vermögen den Vereinigten Staaten vermacht mit der Auflage «to found at Washington, under the name of the Smithsonian Institution, an Establishment for the increase and diffusion of knowledge among men».

«Why did he do this?», fragte die englische Königin, als sie vor einigen Jahren die Hauptstadt besuchte, den amerikanischen Präsidenten. Welches auch immer seine Beweggründe waren, für die es verschiedene Deutungen gibt, die Tat setzte einen Keim ins Erdreich Amerikas, der seither unabsehbar spross. Während einer Woche vereinigte das Jubiläum Gäste aus aller Welt, es bot unter andern Anlässen in den Museen der Institution und im Weissen Haus Vorträge im grossen Auditorium des State Departments, deren Auswahl wohl die bemerkenswerteste Leistung der Veranstalter darstellte, mit Rednern wie Arthur

Koestler, Sir Kenneth Clark und Robert Oppenheimer, der über «Physics and Man's Understanding» sprach. Den Rednern waren je drei Viertelstunden eingeräumt, sie sassen vorn auf dem Podium; unverkennbar sogleich die schmalen Steppenaugen im Gesicht des Verfassers von «Ein Mann springt in die Tiefe», der seinem Lebensbericht den Ruf von Fustel de Coulanges, «Une vie d'analyse pour une heure de synthèse», vorangesetzt. Nicht zu verkennen Sir Kenneth Clark, das weisse Taschentuch im blauen, dünn gestreiften Veston, weiter Claude Lévi-Strauss und Lewis Mumford, wo aber blieb der Physiker, auf den alles wartete, dessen geformter Asketenkopf mit halbverhängten Lidern auf Bildern beeindruckt hatte, als der Fall Oppenheimer durch die Weltpresse ging? Ein alter Mann sprach am Pult, der wohl in die Lücke getreten war – und doch, der Name Einstein fiel, das Timbre der Stimme liess aufhorchen, ihre sonore Melancholie: es war Oppenheimer, der sprach, der vorher unscheinbar dagesessen, zum Nichterkennen anders als das Klischee, das man kannte. Jetzt, sprechend, schlug er die Zuhörer wie keiner bisher in Bann. Es ging um Verantwortung und Erfahrung, um die Bombe, der Schlusssatz lautete: «In the discouragement of the day good example must come to be our firmest ground for hope.» Bündigkeit, blank und verschattet zugleich, machte deutlich, dass Menschen, über die man sich unterrichtet glaubt, bei ihrem körperlichen Anblick einen überraschen und unvorbereitet treffen. Warum? Weil Grösse auf Taubenfüssen einhergeht.

Dafür ein Beispiel aus unserm Land. Der Maler Paul Basilius Barth war dreiundsiebzigjährig gestorben, auf dem Hörnli-Gottesacker in Basel fand die Beisetzung statt. An der Trauerfeier nahmen zahlreich die Basler Künstler teil. Ein älterer Landpfarrer mit starker Brille, halb wirrem, halb schütterem grauem Haar, stand auf der Kanzel, sagte in mundartlich gefärbtem Deutsch: «Der Text, den ich meiner Betrachtung zugrunde lege, steht im Evangelium des Johannes, im 21. Kapitel der 18. Vers.» Er begann wie Hunderte von reformierten Pfarrern, in Sissach, Münsingen, Meilen, wo immer sie an Sonntagen die Predigt beginnen, schläfrig hörte man zu. Allmählich hob sich der Ton, Steigerung wurde fühlbar, er sprach vom Verstorbenen, den er, bekannte er, gern gehabt habe wie seine Kunst. Indes, fuhr er fort, wir meinten, wir seien das Bild und Gott der Rahmen darum, während in Wahrheit wir nur der Rahmen seien und Gott das Bild. Der immer eindringlicher redete, dass jeder Hörer an seinen Lippen zu hängen begann – auch dem hintersten wurde es langsam klar –, war Professor Karl Barth, der jetzt kraftvoll den Sinn des gewählten Textes erläuterte: «...und ein anderer wird dich gürten und führen, wohin du nicht willst.» Simpel hatte es begonnen, in lutherische Höhe stieg der gewaltige Monolog, der am Ende nichts als Zwiesprache war.

Es gehört zu unserer Zeit, dass ein Vielgenannter, im Fernsehen Gezeigter uns von Gesicht und Gestalt bekannt scheint und doch anders ist, wenn er uns in Person gegenübertritt. Albert Schweitzer: das viele Haar, der mächtige Schnurrbart, der tief eindringende Blick – auf Bildern bot er den Eindruck fast titanischer Vitalität. Als der Alte in der neuerbauten Kirche Uetendorf trotz gebrochenen Arms die Orgel inspizieren kam, die er auf Veranlassung des Stifters William M. Measey, vormaligen Schlossherrn von Oberhofen, entworfen, und er nun auf der Galerie inmitten der Männer vom Kirchgemeinderat stand, wirkte er fast zierlich im weitgewordenen Kragen mit abgewinkelten Ecken und schwarzem Schlips, steife weisse Manschetten steckten in den Ärmeln des vielgetragenen grauen Rocks, ein Pastor auch er, mit wie Kohle glühenden Augen, fahler Haut und unerwartet hohem Ton seiner Stimme. Nichts Ragendes, aber gesammelt, da, anteilnehmend, im ländlichen Gotteshaus mit den Kirchenältesten plaudernd, sich erkundigend, zuhörend, voller Präsenz. «Altmodisch und avanciert», hatte Karl Wolfskehl seinen persönlichen Eindruck von ihm notiert.

Dann spielte der Dorforganist, manche hatten zuvor gegen die Orgel geredet, Albert Schweitzer sei in

Orgelfragen längst überholt, von vorgestern, im Grund ein Romantiker, ein Jammer, dass man dergleichen heute zu bauen genötigt sei. Die Töne von der Empore füllten das Kirchenschiff, Schweitzer sass unten, seitlich in einer Bank, den Kopf in die Hand, den Arm auf die Lehne gestützt, lauschend, versunken, nicht sich anfechten lassend, dass Mrs. Andersen, seine Begleiterin, ihn unaufhörlich photographierte (sie hatte ein Buch zugunsten des Urwaldspitals im Sinn). Der Glückwunsch, den ihm wenig später die Uetendorfer zum achtzigsten Geburtstag nach Lambarene geschickt, beantwortete er noch am Tage selbst von Hand mit einem zweiseitigen Dankesbrief in seiner sorgfältig grad und rund gesetzten Schrift.

Auf ihm eigene Weise tut der Geist sich kund. Präsenz, Wesen, Form stehen im Gegensatz sowohl zu unserer vorherigen Vorstellung wie zu dem, was man heute Image zu nennen liebt, ein Ausdruck, der von Carl Spittelers Roman Imago über die gleichnamige Zeitschrift von Sigmund Freud nach Amerika gelangt war, zum Schlagwort wurde und von dort die Welt überschwemmte, den Massenmedien eben zurecht. In Politik, Kirche, Kulturbetrieb danken die Akteure der photo- und telegenen Wirkung ihres zielbewusst «aufgebauten» Image den Aufstieg zum Ruhm. Die Welt lebt von der Herrichtung des global und über Satelliten ausgestrahlten Gesichts, einer Maske, die man zu kennen glaubt; tritt man dem

Menschen in Wirklichkeit gegenüber, erkennt man ihn nicht, auch wenn keine dunkle Brille sein Inkognito schützt.

Mit oder ohne Image behält die Persönlichkeit ihr Antlitz, auf den Strassen dieser Erde flüchtig gestreift und erfasst. Ossip Zadkine, der Bildhauer des Mahnmals von Rotterdam – es bleibt jedem unvergessen, der den Bronze gewordenen Aufschrei des Menschen in einer zerstückten Stadt einmal gesehen – steigt in Kloten die Rolltreppe vom Flugzeug herab, ein kleiner weisshaariger Mann, den Mantel über dem Arm, lebhaft blickt er um sich. Als Unbekannter ihn ansprechen ist Entschluss eines Augenblicks: «Monsieur Zadkine, j'ai vu votre exposition.» Ohne Verwunderung schaut er sich um, ein Aufleuchten geht übers Gesicht, selbstverständlich kommt es zurück: «N'est-ce pas, c'est comme une forêt!» Ende der Begegnung, Erinnern, ein Wort und ein Bild, das bleibt.

Auch Winston Churchill war anders, als seine Monumente ihn zeigen; als er die Schweiz nach dem Krieg besuchte und in Zürich die Rede über Europa hielt, sah man den unendlich berühmten Mann, zarter, durchscheinender als erwartet, weisshäutig, differenziert, keineswegs bullig, was im Grunde nicht zum Erstaunen war.

Johannes XXIII. hinwiederum, am 15. Oktober 1960, in der Sala Regia von Sankt Peter in Rom nach vorn getragen, am Thron behutsam abgesetzt. Gross und massig geht er die Stufen hinauf und nimmt Platz, rutscht auf dem rotgoldenen Sessel unter ebensolchem Baldachin hin und her, bis er bequem ist, setzt zweimal das Käppchen zurecht, faltet die Hände auf starkem Leib, nickt freundlich, als sagte er: sono pronto. Heiteres, väterlich Gütiges geht von ihm aus. Der Maestro di camera, ihm zur Seite, sagt ihm die Namen einiger gemeldeter Besucher ins Ohr, indem er in deren Richtung zeigt, eine Familie aus Boston, morgens um elf Uhr im Smoking, eine Pilgerschar aus den Marken, eine Gruppe Nonnen aus Münster am Stein, er schaut hin, öffnet die Arme, fügt sie wieder zusammen, gleichsam «nun also», bleibt im übrigen reglos, ruht in der Fülle seiner Person wie seines Papsttums, umfangreich, prächtig, ein Kind sagt staunend: «Und das war ein Bauernbub!» Schliesslich beginnt er: Diletti figli, lieber wäre er zu Fuss hergekommen (er trippelt mit den roten Pantoffeln an Ort), aber der Maestro di camera (Blick zur Seite hinab) sage ihm: La gente vuol' vedere il Papa, così faccio il sacrificio e lascio mi portare. Es ist der Tag der heiligen Therese, und ihrer will er gedenken. Es gebe zwei heilige Theresen, sagt er, die eine grosse von Spanien, la grande nobildonna di Avila, vornehm, gebildet, gelehrt, und die kleine, die reizende, die piccola Santa Teresa del bambino Gesù. Als er noch Nuntius in Istanbul gewesen sei – er sagt Costantinopoli – habe er oft gesehen, wie die grossen Schiffe in den Bosporus eingefahren seien, le grandi navi caricate coi tesori del mondo, mit Nahrung, Kohle, Textilien, Öl; wie dann ein Schiffchen, una piccola navicella, sich flink an die Spitze dieser Schiffe begeben, um sie sicher in den Hafen zu lotsen. So verhalte sich die kleine heilige Therese zur grossen, die für uns gewöhnliche Sterbliche (er nahm sich selber durchaus nicht aus) viel zu gross und zu vornehm sei, die kleine aus Lisieux aber bahne der Grossen den Weg. Taubenfüssigkeit der Grösse auch hier.

Zuletzt ermahnte er die Versammlung, die Bibel zu lesen, das Alte Testament, die Könige und Propheten, questi vecchi Ebrei, die so viel gewusst und uns so viel zu sagen hätten – dann aber auch das Neue Testament, die Evangelisten und Apostel, die seien nun einmal noch wichtiger für uns als die vecchi Ebrei. Nach dem Segen liess er sich wieder hinaustragen, lächelnd, allseits nickend, winkend, es war, wie wenn eine Sonne den Raum verlässt.

Abends gab er noch einmal den Segen von seinem Fenster aus, über dem grossen festlichen Platz mit den Brunnen, dann mahnte er: «Adesso andate tutti a casa! – Ma andate veramente a casa!» – So Pàpa Roncalli, der, über siebzigjährig, nach fünfzehn Wahlgängen als sogenannter Übergangspapst aus dem Konklave hervorging, unerwartet im Gefängnis Regina Coeli erscheinend an den offenen Zellentüren vorbeischritt und die fassungslosen Häftlinge segnete – und so sich durch sein Anderssein vom Gewohnten der Welt unlöschbar eingeprägt.

Paul Claudel, uralter Mann damals schon, zur Zürcher Aufführung des «Seidenen Schuhs» kam er angereist, ein Köfferchen in der Hand. Nach der Vorstellung mit Maria Becker im Schauspielhaus trat plötzlich der Greis gedrungen, fast bäurisch, hervor und vors Publikum, rief in das Verstummen des Beifalls in rauhem Französisch den Satz: «Regardez moi bien, vous ne me verrez plus» – mit einer Bündigkeit auch er, vor der es kein Dawider gibt.

Leo N. Tolstoj, wie ihn Gorki geschildert hat: «Er sass auf der Steinbank unter Zypressen, so vertrocknet, klein und grau, und sah trotzdem einem Zebaoth ähnlich, der ein bischen müde ist und sich damit vergnügt, einem Buchfink nachzupfeifen»... Später, ein anderes Mal: «Und plötzlich fragte er mich – es kam wie ein Schlag: ‹Weshalb glauben Sie nicht an Gott?› – ‹Der Glaube fehlt, Leo Nikolajewitsch›». Tolstoj redet ihm lange zu, da Gorki doch von Natur gläubig sei, dieser schweigt. «Er sass auf dem Diwan, die Beine untergeschlagen, ein triumphierendes Lächeln spielte um seinen Bart, und er sprach mit dem Finger drohend: ‹Mit Schweigen kommen Sie da auch nicht weiter, nein!› – ‹Aber ich›, schliesst Gorki seine Erinnerung, ‹der ich nicht an Gott glaube, sah ihn sehr vorsichtig an, ein wenig ängstlich – ich sah ihn an und dachte: Dieser Mann ist gottähnlich!›»

Im August 1855 besucht Theodor Storm in Stuttgart Eduard Mörike, er findet in den Zügen des Einundfünfzigjährigen «etwas Erschlafftes, um nicht zu sagen Verfallenes, das bei seinem lichtblonden Haar nur um so mehr hervortrat; zugleich ein fast kindlich zarter Ausdruck, als sei das Innerste dieses Mannes von dem Treiben der Welt noch unberührt geblieben.» Mörike dankt Storm für die Idylle «Im Sonnenschein», sagt zu ihm: «Als ich das gelesen, da habe ich gleich gesehen, das ist so mit einem feinen Pinsel ausgeführt; das musst du Satz für Satz lesen. – ‹Wissen Sie was!› fuhr er dann fort: ›drei Stellen daraus möchte ich auf Porzellan gemalt haben.› – Er hatte eben nicht unrecht mit dieser freundlichen Kritik», schreibt Storm dazu. «Dann aber meinte er wieder: Sie haben das an sich, so leise zu überraschen: ‹Es war eine andere Zeit!›»

Mörike liest ihm dann die kurz zuvor vollendete Novelle «Mozart auf der Reise nach Prag» in Gegenwart des treuen Freundes Wilhelm Hartlaub, der Storm schon bei der Abholung am Bahnhof angekündigt hatte: «Der Eduard hat grade etwas fertig, was von überwältigender Schönheit ist.» Hartlaub folgte der Vorlesung mit einer verehrenden Begeisterung, die er augenscheinlich kaum zurückzuhalten vermochte. «Als eine Pause eintrat, rief er mir zu: ‹Aber i bitt Sie, ist das nun zum Aushalte!›»

TAUBENFÜSSIGKEIT DER GRÖSSE

Franz Grillparzer bei Goethe am 1. Oktober 1826: «Als ich ins Zimmer vorschritt, kam mir Goethe entgegen und war so liebenswürdig und warm, als er neulich steif und kalt gewesen war. Das Innerste meines Wesens begann sich zu bewegen. Als es aber zu Tisch ging und der Mann, der mir die Verkörperung der deutschen Poesie, der mir in der Entfernung und dem unermesslichen Abstand beinah zu einer mythischen Person geworden war, meine Hand ergriff, um mich ins Speisezimmer zu führen, da kam einmal wieder der Knabe in mir zum Vorschein, und ich brach in Tränen aus. Goethe gab sich alle Mühe, um meine Albernheit zu maskieren. (...) Von den Tisch-Ereignissen ist mir nur noch als charakteristisch erinnerlich, dass ich im Eifer des Gespräches nach löblicher Gewohnheit in dem neben mir liegenden Brot krümelte und dadurch unschöne Brosamen erzeugte. Da tippte denn Goethe mit dem Finger auf jedes einzelne und legte sie auf ein regelmässiges Häufchen zusammen. Spät erst bemerkte ich es und unterliess meine Handarbeit.»

Zuletzt Conrad Ferdinand Meyer bei Gottfried Keller, den er im Frühjahr 1890 besuchte, da es ihn drängte, ihn noch einmal zu sehen. «Ich fand ihn auf seinem Lager, völlig hellen Geistes. Er empfing mich sehr freundlich und sprechend, aber kaum hörbar. Es war ein Spinnen und Weben der Phantasie, von dem

sich nicht leicht ein Begriff geben lässt.» Sie sprechen
über die Bibel und dichterische Themen. «Inzwischen
drehte er unaufhörlich die Karte, durch die ich mich
gemeldet hatte, bis ich sie ihm sachte aus den Fingern
zog. ‹Ich meinte nur›, sagte er, ‹in den schönen weissen Raum liesse sich ein Vers schreiben.› ‹Welcher
denn?› fragte ich. ‹Nun, zum Beispiel›, sagte er:

‹Ich dulde,
Ich schulde..›

womit er wohl den Tod meinte, welchen wir alle der
Natur schuldig sind. Stunden vergingen so, und es
wurde Zeit zu scheiden. ‹Wir wollen vom Sommer
Heil erhoffen›, sagte ich. ‹Ja›, scherzte er, ‹und ein
Landhaus am Zürichberg mieten.› Es war ein Jammer. Ich glaubte nicht an seine Genesung und er wohl
auch nicht. Die Tränen traten mir in die Augen und
rasch nahm ich Abschied.»

BERNARD BERENSON

Die Kunst, uralt zu sein – in unserer Zeit wurde sie wohl von wenigen so klug gehandhabt wie vom 1865 geborenen Bernard Berenson. Bi Bi, wie seine Umgebung, in englischer Aussprache der Initialen B. B., ihn nannte, empfand zwar so alt zu werden als ein Abenteuer, für das man zahlen müsse, aber gleichzeitig entwickelte er ein System, sich die geistige Spannkraft zu erhalten, feste pünktliche Regeln, denen er in Genauigkeit nachlebte. Erstaunlicher noch als seine geistige Präsenz in diesen letzten Jahren war indes vielleicht der Umstand, dass er in seinem Hause, zum mindesten in Gegenwart von Gästen, durchaus nicht als Greis behandelt wurde und sich nicht als solcher behandeln liess; keineswegs herrschte hier jene um sehr alte Leute leicht wahrnehmbare Atmosphäre gedämpfter Schonung, die die in ihr Gehegten älter und entrückter macht als sie sind. Ausser auf ihm selber beruhte die Wohnlichkeit, wie sehr sie gewiss auch Tradition seit Jahrzehnten war, auf der Signorina Nicky Mariano, die dem Witwer seinen grossen Haushalt führte und mit Herzenswärme, gescheit und liebenswert, den Strom der Gäste lenkte, dessen er unaufhörlich bedürftig war, dazwischen die tägliche Korrespondenz erledigte und ihr ganzes Pensum bewältigte, ohne dessen Umfang sich im geringsten anmerken zu lassen, während B. B. imstande war, die erwähnten Lebensregeln zu beachten, denen er sein hohes Alter verdankte.

Durch einen Freund empfohlen und von ihm ermuntert hinzugehen, hatte ich anlässlich einer Durchreise durch Florenz meinen und meiner Frau Besuch schriftlich angemeldet. Von der Piazza San Marco fuhr der Autobus ab; vor Settignano, bei Ponte a Mensola aussteigend, befand man sich nach wenigen Schritten vor dem untern Tor des hügelansteigenden Parkes, der zur Villa I Tatti gehört. Hinter diesem Tor stand Nicky und bot den Willkommensgruss. Eine lange Treppe führte mitten durch den terrassenförmig hingestuften Garten, der, mit Buchs, Taxus und Statuen geziert, zum Hause emporstieg. Der obersten Terrasse war ein von Urnen bekrönter Quergang mit Bogenöffnungen vorgelagert, der als gedeckter Sitzplatz dienen konnte. Zwischen diesem Terrassengarten und der aussen herumführenden Fahrstrasse ragte die ernste hohe Zypressenallee, die B. B. vor Jahrzehnten selbst angelegt; der Garten im Stil der Renaissance, durch den wir emporstiegen, war dagegen das Werk eines englischen Zeitgenossen, des Architekten Pinsent. Oben, schräg vor dem Haus, gleichfalls von B. B. vor zwei Menschenaltern gepflanzt, breitete sich der Schirm einer riesigen Pinie aus. Die Grundstücke von Zypressenallee und Terrassengarten waren wie manches Umgelände später zur Villa geschlagen worden; das Haus selber, mit Erdgeschoss und niedrigem Obergeschoss unter flachgeneigtem Dach, auf dem in der Mitte über zwei Voluten ein gegiebeltes Uhrtürmchen sass, zeigte sich als eines jener herrlichen toskanischen Landhäuser, in denen jeder von uns einmal sein Leben zu beschliessen träumt. Die Architektur ohne grosse Prätention, die untern Fenster unter schlichten Gesimsen im grossflächigen Mauerwerk ruhig verteilt, die Ziegel rauh, halbrund gereiht. An die Rückseite waren in geschickter Weise nachträglich die Bibliotheksbauten gefügt, in rechten Winkeln dreischenklig um einen Innenhof. Dieses toskanische Paradies ist mit Bernard Berensons Hinschied durch seinen Willen an Harvard, seine einstige Universität, übergegangen. «Es ist mein Wunsch, dass mein Besitz und meine Bibliothek Studenten zunutze kommen, die bereits eine grosse Reife besitzen und sich befähigt erweisen, an dieser Stätte im Verlauf von zwei bis drei Jahren in Musse weiterzureifen und sich dabei ihren jeweiligen Gaben gemäss zu vervollkommnen.» So lautet die Bestimmung des Stifters. –

«B.B. ist eben zum Zahnarzt gerannt», erläuterte Nicky Mariano, «so bleibt uns Zeit, noch das Haus zu sehen», und nun durchschritt ich ein Haus, das gleichzeitig behaglich war und hinsichtlich der Schätze, die es barg, von erlesener Kostbarkeit, dabei nirgends museal, nicht die Spur einer «Galerie». Von ähnlichem

Rang, wenn auch andersartigem Zuschnitt, wüsste ich ihm einzig Oskar Reinharts Haus am Römerholz an die Seite zu stellen. Im Erdgeschoss Speise- und Wohnzimmer, beide geräumig, die Wände aus Seide, bläulich und grünlich getönt, noch eine kleine Bibliothek, oben das Arbeitszimmer von B. B., Ankleide- und Schlafgemach. Und überall die Bilder: Sassetta, Lippo Memmi, Daddi, von Simone Martini zwei heilige Frauen, ein Orcagna, eine Madonna von Foppa, ein Sebastian des Cima da Conegliano. Im Treppenhaus sagt Nicky vor einer kleinen Tafel: «B. B. hält dies für einen Giotto.» Sie sagt nicht: «Es ist ein Giotto.» Auch sagt sie etwa: «B. B. glaubt, das Bild stamme aus der und der Kirche», sie lässt offen, ob es sich damit in Wirklichkeit so verhalte, sie stellt es aber auch nicht in Zweifel, dem Gast bleibt gewissermassen ein «Selbstbestimmungsrecht». Einen Raum in der jede Stichprobe bestehenden grossen Bibliothek, durch die wir nun noch gehen, hat sie reservieren lassen, um später hier ein B. B.-Archiv einzurichten und alles darin unterzubringen, was mit B. B. zusammenhängt.

Mitten in diese Besichtigung tritt der fast neunzigjährige Hausherr, noch im Mantel, neugierig, seine Gäste zu sehn. Schnellen leichten Schrittes ist er herangetreten, klein, weiss, zierlich, mit kurzem Bart; leise steht er da, aufrecht und ohne Stock, zugleich präsent und entrückt, und ist, eh man sich's versieht, wieder verschwunden, zum Tee, im Wohnzimmer, würden wir ihn wiedersehen.

In den oberen Gemächern herrscht besonders peinliche Ordnung; im Arbeitszimmer ist eine Chaiselongue mit steiler Lehne, daneben ein Tisch mit Büchern, Lupe und gespitzten Stiften, säuberlich gereiht; im Schlafzimmer neben dem Empirebett gleichfalls Stapel von Büchern, die verraten, dass B. B. den Grossteil seiner Lektüre im Bett absolviert. Dem Goldgrund auf den frühen Bildern von Sienesen und Florentinern antwortet vor den Fenstern das klare geistige Licht der Toskana. Der milde Frühlingsspätnachmittag gewährt den Blick auf eine zarte, von Blütenbäumchen wie besprengte Hügellandschaft mit Zypressen, mit ummauerten gefurchten Feldern, Ölbaumhainen. Da und dort ein Campanile, Gehöfte, Dörfer, nach hinten immer blauer, immer zauberhafter, mit Gold und Rosa durchwirkt. Florenz ist von hier nicht zu sehen, es liegt hinter einem Hügel verborgen, aber die erhöhte Lage der Villa vermittelt eine schön in sich gerundete Sicht.

Im Wohnzimmer sitzt B. B. in seinem Sessel für uns bereit, ihm gegenüber eine römische Marchesa, ein Kunsthistoriker in Gestalt eines nach neuestem Schnitt edwardianisch gekleideten jungen Engländers, eine Gehilfin aus der Bibliothek. Ich werde auf einen kleinen Stuhl neben B. B. gebeten («if you dont't mind to sit next to your wife»). Der Raum enthält einen grossen italienischen Kamin, altes Renaissancemobiliar, bequeme Sitzgelegenheiten. B. B. spricht ziemlich ausschliesslich mit dem Gast auf dem kleinen Stuhl, während eine eigene Konversation zwischen den andern geht. Nicky, von der Bibliotheksgehilfin assistiert, sorgt für das leibliche Wohl.

Die Unterhaltung mit B. B. fängt bei spätrömischen Rundbauten an und geht über zu Zentralbauten der Renaissance. Die Verlängerung von Sankt Peter nach vorne schreibt er der Macht der Tradition zu, nicht den Erfordernissen des Kultes. Er verweist auf eine frühe Abhandlung in «Study and Criticism of Italian Art», die sich gegen den allmächtig das Gotische propagierenden Ruskin gewendet habe. Er kennt von mehrmaligen Besuchen das Baptisterium von Nocera bei Salerno und nimmt mit kennerischer Miene eine kleine Monographie des Monumentes entgegen, legt die Broschüre auf die Decke über seinen Knien, streicht geniesserisch drüber hin: «It will be bound!» Wir sprechen von Samuel Guyer, meinem Landsmann, der zu Beginn des Krieges oft von San Domenico herübergekommen war, um in der Bibliothek zu arbeiten, zu Fuss mangels Verkehrsmittel, bis der Zustand seines Herzens es ihm nicht mehr gestattete. «He was a dear man», sagt B. B. und es klingt tiefere Herzlichkeit auf. Sonst spricht er, ohne die Stimme zu erheben, in deutlichem unamerikanischem Englisch, ziemlich pointiert. Wie ich daran erinnere, wie anregend man mit Guyer über Architektur habe sprechen können, kommt sogleich zurück: «Only about architecture. Nothing else.» Als der junge Engländer von einer Dame etwas Nettes sagt, bemerkt B. B. sanft: «She was an awful bore», und als jener zurückgibt, aber ihr Mann sei doch sympathisch gewesen: «He was much more a bore than she was.» Umgekehrt, als vom dreibändigen Werk eines Ägyptologen die Rede ist und der Junge, intellektuell nicht angekränkelt, munter hochmütig fragt: «Are they readable?» entgegnet B. B. nachsichtig: «Yes, if you are interested in the subject!». B. B. ist in seinen Antworten apodiktisch; so sagt er etwa zu dem nachweisbar aus Venedig stammenden Diptychon aus Königsfelden im Berner Museum: «Why do you say Venitian, it's purely Byzantine!»

Über den erfolgreichen Kampf um die Erhaltung der Berner Gerechtigkeitsgasse haben sie in der Neuen Zürcher Zeitung gelesen, angesichts der zum Teil verhängnisvollen Entscheidung beim Wiederaufbau von Florenz nach dem Krieg mit besonderer Anteilnahme. Auf die Frage, ob ein Beispiel von anderswo hier Eindruck machen könne, erwidert B. B. resigniert: «No, it will not help, but it will make them shameful».

Es wird dann vom heutigen Ausstellungswesen gesprochen, das ihn so beschäftigt, dass er über die Exhibitionitis, wie er es nennt, einen Artikel im Corriere della Sera geschrieben hat. B. B. hält es für einen Unfug, die Bilder umherfahren zu lassen, nicht nur, weil man sie dann nicht am Ort antreffe, sondern ganz einfach, weil sie Schaden leiden. –

Bis ich ihn wiedersehe, vergehen zweieinhalb Jahre. In der Zwischenzeit hat B. B. seinen neunzigsten Geburtstag gefeiert, ist auf Reisen gewesen, hat eine ernste Krankheit durchgemacht – dennoch ist es wie das frühere Mal, ist vor allem er selbst fast unverändert; eine Abnahme der Kräfte ist nicht wahrzunehmen, höchstens dass er eine Spur milder ist. Auch legt er nun im Sprechen oft die hagere feine Hand auf den Arm des Gastes, vogelleicht; es wirkt gütig, die Übereinstimmung betonend. Er ist in allem völlig präsent, ohne greisenhafte Resignation, «tranchant» noch immer, besonders wenn er von Amerikanern spricht, ist interessiert an Orten, Menschen, Dingen, an Kunst, an geistigen Vorgängen, informiert darüber und hungrig danach wie je. Er kann sich sofort auf ein neues Stichwort umstellen, greift es auf, pariert. Er wirkt entstofflicht, leise – wie man es etwa von geistlichen Würdenträgern kennt –, ist fein und zierlich, noch immer voll gedämpfter Intensität. Er verwaltet sein Alter wie ein zerbrechliches kostbares Gut, ist ganz auf der Höhe, nur schneller ermüdet. Noch immer wird auf ihn nur in ganz unpenetranter Weise Rücksicht genommen.

Wir haben diesmal unsere jüngste, viereinhalbjährige Tochter Sibyl mit, die er durchaus dabeihaben will und für die er immer wieder Augen hat, während sie ihm gegenüber auf einem Schaukelstühlchen am Tischlein sitzt. «She could be a Cranach», findet er, und als sie ihm ein Bonbon entgegenstreckt, nimmt er es, sagt auf Deutsch: «Danke sehr». Die Unterhaltung selber beginnt mit der Frage, woher wir kommen? «Forio, Ischia?» Er kenne es gut, oft seien sie auf der Insel gewesen, leider treibe jetzt ein «gang» von Amerikanern sein Unwesen dort. Zuerst sei Capri erledigt worden, nun komme Ischia dran. Man brauche nicht unbedingt zu baden, um Heilwirkungen zu verspüren; alles sei dort vulkanisch, auch die Pflanzen – seine besondere Liebe – könne man dort sozusagen auf den second degree bringen, was wir ja auch mit uns selbst bezwecken.

Wir sind seit unserem frühern Besuch in Amerika gewesen, er will die Route wissen. Haverford College, Pennsylvanien, ist ihm bekannt, da seine Frau aus dessen Umkreis stammte und ihre Familie, wie er meine, zu den Stiftern zähle, die Quäker gewesen seien. «Die Gebildeten drüben, wenn sie gut sind, sind europäischer als die Europäer selbst, weil bei diesen immer *ein* Land im Vordergrund steht, Frankreich, England, Deutschland; jene Amerikaner dagegen sehen das *ganze* Europa.» So auch William M. Milliken vom Cleveland Museum, in dessen Schatzkammer jedes Stück von hoher Qualität ist, wohl die feinste Sammlung dieser Art in den Staaten. Nur haben die Leute wie Milliken immer den zermürbenden Kampf um die Mittel mit ihren schrecklichen eitlen Geldgebern zu führen. Dafür sind die Museen dort nicht vom Staat abhängig, dessen Bürokratie ja vielleicht noch schlimmer ist. Auch Philip Hofer von der Houghton Library in Harvard schätzt er sehr, einen der kultiviertesten Männer drüben, weit gereist durch viele Länder, und Agnes Mongan vom Fogg Art Museum, «she is full of gest».

Im Isabella Stewart Gardner-Museum in Boston hängt Tizians «Raub der Europa». Das Bild ist unter den vielen, die B. B. hinübergebracht, eins der bedeutendsten. Ob Mrs. Gardner, frage ich, sich der Grösse dieses Kunstwerkes auch wirklich bewusst war? B. B. verneint dies, sie habe sich an der Bewunderung geweidet, die dem Bild zuteil geworden sei. Dann der Graf Arundel von Rubens – «ja, als Bildnis gut», gibt er zurück. Das zweite ganz grosse Kunstwerk dort sei aber die Madonna von Botticelli aus dem Palazzo Chigi, in ganz Italien gebe es keine schönere Botticelli-Madonna.

Weiter zu den Gulbenkian-Bildern, deren einige damals als Leihgaben in der National Gallery in Washington hingen, vor allem von Rembrandt die «Pallas Athene» und ein alter Mann. «Gulbenkian», sagt B. B., «hat nicht nur Malerei, sondern auf allen Gebieten gesammelt»; wenn es nach Gulbenkians Willen gehe, komme alles nach Lissabon, wo dann eines der ganz wichtigen Museen entstehe. Dass Gulbenkian selber etwas von Kunstwerken verstanden habe, verneint B.B. entschieden. Ihm seien in seinem ganzen Leben nur drei Sammler vorgekommen, die wirklich etwas von dem, was sie sammelten, verstanden hätten, nämlich die beiden Stoclet und Robert von Hirsch, der übrigens mit seiner Frau just gestern bei ihm gewesen sei. Mellon habe selber nichts verstanden, von Frick möchte er es auch nicht annehmen. Die Erwerbung kostbarer Bilder habe ihnen einen «sense of power» gegeben, ein Gefühl der Macht. All dies nicht monologisierend gesagt, sondern immer in kurzen präzisen Bemerkungen, leicht, schnell, bestimmt, von ihrer Richtigkeit überzeugt.

Nach seiner diesjährigen Sommerfrische ist B.B. nach Bologna zur grossen Carracci-Ausstellung gefahren, die international nahezu vollständig beschickt sei mit Ausnahme natürlich der Fresken; zwei vorbildliche Kataloge über die Bilder und Zeichnungen enthielten essentiell alle bisherige Literatur. Die Ausstellung sei sehenswert, sofern man sich dafür interessiere; heute sei ja alles Trumpf, was nicht klassisch sei, und all das nicht, was er sein Lebtag hochgehalten habe. Nicht beim Volk, das liebe die Schönheit nach wie vor, aber bei der schmalen Intelligenzschicht, die das Wetter mache. Die heutige Vorliebe für das Etruskische wird da gestreift, der Erfolg der Zürcher Ausstellung, wie viele Besucher besonders auch aus Deutschland gekommen seien. Das ist etwas für B. B., er zitiert ein spanisches Sprichwort: «Mannsbilder und Bären, je hässlicher desto schöner».

Plötzlich steht er auf, es ist punkt sieben, verabschiedet sich, für den Besuch höflich dankend; liebevoll beugt er sich zu der Kleinen herab und lässt sich einen Kuss geben, geht dann aufrecht, ohne Stock und ohne Begleitung, ohne sich umzusehen hinaus, während die Unterhaltung zwischen den andern weitergeht, was bezeichnend ist für die Art, wie seine Umgebung von seinem Kommen und Gehen möglichst wenig Aufhebens machte.

LUDWIG CURTIUS

Rom im Dezember, die löwenfarbene Stadt hell, unwinterlich mild und doch untrüglich schon im Vorweihnachtsschein. Auf der Piazza Navona beginnt mit hundert Buden, Heeren von Krippenfiguren, mit Flittertand und türkischem Honig der Christmarkt seine bis zur Befana (6. Januar) während fröhliche Existenz. Man geht auf alten Spuren, besucht das Museo Barracco, Borrominis Sant Ivo und im Palazzo Spada den mit Stuckfriesen geschmückten anmutigsten Pfeilerhof Roms und dahinter die kleine perspektivische Galerie. Man sieht nach, ob die stillen Kreuzgänge an S. Maria della Pace und an S. Salvatore in Lauro noch immer wie ehedem in sich beruhn, treibt durch die Via Coronari den Botteghen der Antiquitätenmacher entlang, tritt über die Brücke zur Tiberinsel und an den Altar von San Bartolomeo oder, im Einnachten schon, zum Schildkrötenbrunnen auf Piazza Mattei, den Jacob Burckhardt bewundert hat. Er war es, der als junger Mann an seinen Freund Gottfried Kinkel schrieb: «Ich könnte Dir in Rom verschiedene Stellen zeigen, auf der Strasse, in Gärten usw., wo mich ohne besondern Anlass das Gefühl überraschte, dass ich jetzt vollkommen glückselig sei; es war eine plötzliche, vom Genuss nicht abhängige, innere Freude. Eine dieser Stellen ist auf der Treppe des palazzo Farnese, beim ersten Absatz, also nicht einmal eine sonderliche Lokalität» (aus Basel am 12. September 1846).

Und dennoch, diesmal war es anders als sonst. Ein Unwägbares trat als Entbehrung hervor; eine Gegenwart, eine Stimme von früher her, eine spontane Zuwendung fehlten nun, ein Unverwechselbares an Eigenwuchs und Urbanität. Zwar, ich war öfters in Rom gewesen seitdem, hatte neue Menschen, neue Räume kennengelernt, jenes Entschwundenen wohl jedesmal grüssend gedacht, meinen Gruss auch an sein Grab getragen, das auf dem Campo Santo dicht an Sankt Peter liegt. Und doch, jetzt war es anders, fühlbarer schmerzte aufs Mal der Verlust. Ich ging an der Animakirche vorüber, wo ich ihn vor einem abendlichen Orgelkonzert hatte stehen und nach Halt suchen, sich jäh an die Brust greifen sehn, und wie er in die Tasche nach dem lindernden Mittel griff... Ich ging durch die Via Sardegna, an Nr. 79 vorbei, dem Sitz des Deutschen Archäologischen Instituts; hier hatte er im grossen Lesesaal seinen mit Büchern überhäuften Tisch gehabt, auch nachdem die politischen Machthaber ihn 1937 vom Direktorsposten verdrängt. Mit tapferm Lächeln pflegte er zwischen den ihn grüssenden Lesern zu seinem Platz am Fenster zu schreiten, wo er, Gelehrter aus Leidenschaft, noch immer der Forschung oblag, die ihm sein Kollege und

Nachfolger, Armin von Gerkan, im Hause selber ermöglichte. Jetzt aber war das halb kirchliche Gebäude, als Bibliothek ein Provisorium aus der Zeit nach dem ersten Krieg, als das Institut vom kapitolinischen Hügel heruntergemusst, gar nicht mehr da – eine riesige Baugrube klaffte hinter dem Bretterzaun, ein Neubau war im Entstehn... Ich ging durch die Via Flaminia, wo er damals, vor über sieben Jahren, fast achtzigjährig, so plötzlich gestorben war. Endloser durchfahrender Lärm, aber auch die Wohnung, das Haus waren nicht mehr da. Wie schnell, wie endgültig schreitet heute Veränderung!

Ja, diesmal fehlte mir Ludwig Curtius mehr als sonst. Unwiederbringlich ist ein Herz, das aufgehört hat zu schlagen, in unserm Nichtvergessen allein lebt es fort.

«Auf diesem Stuhl sind schon viele gesessen, aber so einer wie Sie ist noch nie darauf gesessen.» Mit diesen Worten begann er – es sollte wenige Tage vor seinem Hinschied sein – eine Tischrede auf Robert Boehringer. Zum Schluss leerte er eine Flasche Bodenheimer in die griechische Augenschale vor ihm, hob sie, trank daraus, liess sie kreisen. Unter den Klängen einer Ouverture, die er vom Grammophon erschallen liess, war man vorher im Zug zu Tisch geschritten und hatte, umringt von Bücherwänden, unter heiteren Gesprächen getafelt.

Viele, die Ludwig Curtius im Leben nahestanden, hatten teil an solchen Festen. Studenten, Professoren, Künstler, Monsignori, Diplomaten, auch Ingenieure und Kaufleute gaben einander die Türklinke seiner Wohnung in die Hand, zuerst am Corso, später an der Via Flaminia unweit des Stadions. So hat der jung im Krieg gefallene Romanist Karl Eugen Gass den Eintritt beschrieben: «Ich seh uns aussteigen und den Eingang über Eck durchschreiten. Nun die Kleiderablage und der schmale Korridor, die sich öffnende Tür und Curtius im braunen Anzug, mit beiden Händen uns begrüssend und mit der krächzenden Stimme fragend: «Was haben Sie erlebt? Erzählen Sie!»

Von Heidelberg, wo er in den zwanziger Jahren neben Jaspers, Max Weber, Rickert und Gundolf gelehrt, war er als erster Direktor – Sekretar, wie es damals altertümlich hiess – jenes ehrwürdigen Instituts, Zweigstelle Rom, hergezogen, wo er nach seinem vorzeitig erzwungenen Rücktritt auch blieb. Rom wurde mehr als sein Wirkungsort, ganz und gar seine Heimat, ja im Hinblick auf die Vorgänge in Deutschland geradezu seine Mission. Dabei blieb er, der er immer gewesen war, Humanist und national gesinnter Demokrat, nicht unbeeindruckt von dem, was sich tat, zumal von den Leistungen deutscher Soldaten in Afrika, von denen er einzelne auf ihrer Durchreise persönlich kennengelernt – und liess doch in grosser Beherztheit, unbekümmert um herrschendes Ungesetz, sich keinen abdingen von seinem Umgang, wie er ihn sich wählte, sein Haus zur Insel in trüb umspülender Brandung erhebend und oft genug zum Asyl. Wie mancher und manche Bedrohte hatten keinen treueren Freund als ihn!

Wenn also ein transalpiner Ankömmling seine Aufwartung machen kam, öffnete die freundliche alte Giselda, des Professors ergebene Dienerin, ihm die Tür, führte ihn ins schmale Arbeitszimmer, durch dessen Glastür man in den mit Bildern überhängten Wohn- und Empfangsraum sah. Curtius, unterm Tisch den treuen Lailaps, sass hinter hohen Bücherschäften über weissen Blättern, die er in seiner schnellfüssigen, etwas schnörkligen Schrift beschrieb; es hiess, seine Texte gingen jeweils in dieser ersten Fassung direkt in die Druckerei. Mit einladender Gebärde zeigte er auf den Besucherstuhl, rief ermunternd: «Kommen Sie! Was gefällt Ihnen am besten in Rom?» Antwort auf so plötzliche Frage war nun freilich jedermanns Sache nicht, doch musste man ihm sogleich Genüge tun, Schüchternheit behagte ihm kaum, er hatte es gern, wenn man redete, und ging spontan mit Eigenem darauf ein. Und nie verliess man ihn ohne Einladung zu einem seiner bevorstehenden Abende.

Das mochte dann ein Hauskonzert sein, ein Pianist sass am Flügel, Sessel und Stühle standen in der Runde bereit, eine taube Baronin wurde so nah an das Instrument gerückt, als es ging. Curtius' Töchter machten reihum die Honneurs; ein Bildhauer unterwegs nach Sizilien, ein deutscher Ordinarius mit Frau, ein junger Schweizer Altphilologe, zwei Slowenen, deren einer in späteren Jahren als Gatte der Lollobrigida vor die neugierige Mitwelt trat, und andere Gäste füllten den Raum – die Zusammensetzung wechselte, das Bild blieb sich gleich. Man hörte des Hausherrn Begrüssungen, diesen unverkennbaren Tonfall, sein ungläubiges «Aber nein?», Komplimente, Gelächter, dann, während der Darbietung, sass er gedrungen, mit geschlossenen Augen zurückgelehnt, die Hand fest am Kinn, mäuschenstill, verzaubert, entrückt.

Andere Male fand man sich bei Wein und Gebäck um den runden Tisch und hörte Platten aus seiner reichhaltigen Diskothek. War es zu Ende, konnte er sagen: «Nein dieser Mozart! Wie ein Hochsommertag im August, wenn es flirrt. Und dabei dieser eiskalte Bogenstrich!»

Unermüdlich, wärmend, werbend war seine Gastfreundschaft. Mochte er sich oberflächlich, ja gemeinplätzig geben – unversehens ging es über in Weisheit und Ernst. Er liebte das Schlanke, das Junge, das Feurige. Er liebte das Aristokratische, den Ruhm, den Erfolg, in welcher Gestalt er ihm auch gegenübertrat. Er liebte Musik und war stolz auf seinen einstigen Zögling Wilhelm Furtwängler, in dessen Glorie und Anhänglichkeit er sich sonnte. Er liebte die griechische

Antike weit über sein Fach hinaus, aber auch Pompeji und die römischen Porträts, und nicht minder den katholischen Barock, von dem er sich abstammen fühlte. Er liebte Goethe, sammelte, las, interpretierte ihn. Nach dem Krieg, noch in der Darbenszeit, fand sich das in Rom gebliebene Häuflein wöchentlich einmal spätnachmittags bei ihm ein; in dem zum Hörsaal ummöblierten Salon setzte sich Curtius vorn an ein Tischchen, nahm einen Band Goethe zur Hand und las Abschnitte daraus vor, die er in Fortsetzungen erläuterte, Dichtung und Wahrheit, den Wetzlarer Goethe und Lotte, Goethe und Lili, Goethe und Frau von Stein. Hier überboten zu werden, machte ihm wenig Spass. Als einmal der Genfer Paul Schazmann, Architekt und Archäologe, nur wenig älter als er, zu einer Abschiedsvisite bei ihm erschien und die Rede auf Goethe kam, brachte Curtius mit Besitzerstolz einige seiner Erstausgaben zum Vorschein. Der Besucher revanchierte sich mit einem handschriftlichen Gedicht aus dem Jahre 1828, in dem der Olympier sich bei einer Ahne Schazmanns, Marie Duval, für die willkommene Sendung einer köstlichen Confiture bedankt, und sagte die Zeilen in französisch anklingendem Deutsch auswendig her:

> Glücklich Land, allwo Cedraten
> Zur Vervollkommnung geraten!
> Und zu reizendem Geniessen

Kluge Frauen sie versüssen.
Solches löbliche Befleissen
Muss der Dichter höchlich preisen,
Wenn er kostet die Vollendung
Solcher höchstwillkommnen Sendung.

Für einen Sammler ohne Zweifel ein begehrteres Authenticum als jede noch so seltene Erstausgabe, wie Curtius ihm nicht neidlos zugestand, während Schazmann, den Augenblick auskostend, nun aufstand und mit den Worten «Hélas! cher ami, il faut que je vous quitte, on m'attend chez la Princesse Aldobrandini» seinen stattlichen Abgang nahm.

Anderseits hatte Curtius ein Herz, in dem für Anerkennung, ja Bewunderung von Leistungen, besonders der Jüngeren, Platz in Fülle vorhanden war. Umgekehrt wieder nahm er kein Blatt vor den Mund, wenn ihm etwas im Grunde zuwider war und missfiel. Dies erfuhr ein Ehepaar aus Deutschland, das ihm am Sonntagvormittag einen Höflichkeitsbesuch abstatten kam. Der elegante Mann hatte vor kurzem die Redaktion einer von den beiden Diktatoren im Zeichen der «Achse» inaugurierten luxuriösen Zeitschrift übernommen und Curtius das erste Heft übersandt. Eingewiegt vom üblich herzlichen Empfang und ihm sichern Bewusstsein, auf der Höhe der Zeit zu stehen, erkundigte er sich in Gegenwart der übrigen Sonntagsgäste nach des berühmten Professors Eindruck von diesem Heft. Kurz und emphatisch lautete die Antwort: «Katastrophal». Der Frager, in der Meinung, nicht richtig gehört zu haben, insistierte und bekam nun allerdings den Kopf mit Ausdrücken gewaschen wie «Kulturschmock» und «impotente Mitläuferei», bis das Paar sich mit steifen Hälsen zu schleunigem Rückzug erhob. Curtius begleitete es freundlich zur Tür und wandte sich dann, sichtlich erfrischt, seinen Gästen zu.

So war er beweglicher Mittelpunkt eines Kreises, der, aus Deutschrömern und Durchreisenden zusammengesetzt, immerzu wechselte, während des Krieges kleiner, intimer, vor- und nachher bunter, oft bedeutender war. Unwandelbar aber, in guten wie in bösen Zeiten, blieb seine zur Natur gewordene Gastfreundschaft. Der Rahmen auch blieb derselbe: über dem Sofa ein überdimensioniertes Figurenbild aus der manieristischen Mythologie, an der Eingangswand ein Hochformat mit arkadischen Frauen, gemalt im Hause Adolf von Hildebrands, zwischen den Fenstern eine Vitrine mit kleinen Bronzen, Tanagrafiguren und griechischen Vasen. Teppiche und Möbel, von all den Jahren sichtlich strapaziert, erstanden nach dem Kriege nochmals in frischem Glanz, er selbst, nach einem ersten Schlaganfall, erholte sich staunenswert. Nun gab es wieder Meerfisch und Geflügel und erlesene Jahrgänge von Mosel und Rhein, aber gerade dann kamen einem doppelt deutlich die Abende im verdunkelten hungernden Rom in den Sinn, als er dennoch jedesmal eine Karaffe Landwein von den Castelli und – nach welchem Aufgebot an List und Geduld – eine Schale mit Früchten oder Konfekt hatte auftragen lassen. Unvergesslich die zweite Kriegsweihnacht, Silvester und Neujahr im Hause Curtius, einigen Freunden mitzuerleben vergönnt, in Ungewissheit und Not ein schmales wärmendes Licht. Unvergesslich der Handkuss, mit dem ein von Norden emigrierter Arzt seiner Lebensgefährtin um Mitternacht Einverständnis, Dank, Wünsche entbot. Und was für Jahre standen der Ewigen Stadt bevor!

Ähnlich wie der sonst so ganz anders geartete Wölfflin wies Curtius, unersättlich nach Neuigkeit und ein Freund von Gesprächen zu zweit und der Unterhaltung zu mehreren, blosse Fachsimpelei weit von sich. Er selber, wenn er erzählte, war Impressionist. Anschaulich stiegen Menschen, Begegnungen, Episoden, Erlebnisse von Reisen und Fahrten, am liebsten der neuesten, die er auch nach dem Kriege noch, bald achtzigjährig, nach Griechenland, der Türkei, nach Deutschland und der Schweiz unternahm, vor den Zuhörern auf. Mit leichter Hand wurden Epitheta verteilt – dazwischen plötzlich ein Schicksalsblick. Dafür steht der Nachlassband «Torso», das Bändchen «Humanistisches und Humanes», stehen seine Memoiren «Deutsche und antike Welt». Einmal findet sich bei ihm, eine ganze Ästhetik aufwiegend, der Satz einer römischen Frau aus dem Volk, die, befragt, was schön sei, die unvergleichliche Antwort gab: «Il bello è dove l'occhio riposa con piacere.» Nicht von ungefähr trafen solche Dinge unfehlbar sein immer bereites Ohr, denn seine Liebe gehörte dem italienischen Volk. Auch der italienischen Küche: während der sieben mageren Jahre konnten Freunde ihn schwerlich mehr erfreuen, als ihn zu Passetto oder Fagiano zu führen, wie er sich denn überhaupt gern und dankbar verwöhnen liess.

So hatte alles bei ihm seinen Platz. Es gab Samarra, Ägypten und Kreta; Sparta, Athen und Rom. Es gab die Päpste und Tiepolo, Renoir und Rilke und John Knittel, mit dem er befreundet war. Er war ein Geist der Bejahung, brüderlich thronten der Olymp seiner Götter und der Himmel seiner Heiligen nebeneinander, so auch in Versen auf den frühen Tod seiner über alles geliebten jüngeren Tochter Stella. Und es gehört zu ihm, dass sein letzter Besucher auch sein erlauchtester Landsmann gewesen ist. Es war der greise Kronprinz Rupprecht von Bayern, der am Spätnachmittag des 10. April 1954 den eben kampflos Entschlafenen betten half.

PRINCIPE DORIA

Ein Museumsmann gewärtigt täglich Besucher verschiedenster Herkunft und Art und oft von der merkwürdigsten Sorte. Zu Kunstwerken, seltenen Gegenständen weben sich wie Spinnennetze die unsichtbaren Fäden der Menschen, von Liebhabern, Sammlern, Erben, Händlern, Zufallseigentümern und Forschern, von Habgierigen und von Schwindlern: nirgends vielleicht offenbart sich des Menschen Hörigkeit unverhüllter als an seinem eroberten, umstrittenen, verteidigten Besitz. Ohne Ende könnte, wen das Schicksal zum Verwalter solchen Gutes ersah, davon erzählen; vom Dämonischen zum Idyllischen spannt sich der Bogen, und oft werden Bereiche beschworen, die weit hinausgehen über Anlass, Objekt und Ort. Sei hier als Beispiel solcher Begegnungen eine von der liebenswürdigen Gattung erzählt.

In der Reihe der Besucher erscheint an einem Vormittag, wie zufällig hereingeweht, im Berner Historischen Museum eine zierliche ältere Dame, die voll Unbehagen über die von ihr verursachte Störung, in einer Mischung von Befangenheit und Intensität Fragen über Herkunft und Umstände der Cäsarteppiche stellt. Am liebsten wäre sie gleich wieder draussen, nachdem doch ihr offensichtlich grosses Interesse an der Sache sie hat eintreten heissen. Sie spricht Französisch mit kaum merklich rollendem R, so dass ich in ihr zunächst eine Lehrerin aus dem südlichen Frankreich vermute. Beiläufig und wie um Nachsicht für ihre Neugier bittend, begründet sie dieselbe mit dem Hinweis auf fast gleiche Tapisserien bei ihr zuhause. Ich frage: «In Ihrem Museum? Und wo, wenn ich fragen darf?» «Nein, bei uns. In Rom», antwortet sie. Ich darauf, etwas schnell: «Dort weiss ich nur einen Ort, wo es solche Wandteppiche gibt: im Palazzo Doria!» «Appunto» tönt es freundlich zurück; es erzeugt in mir den kleinen unmerkbaren Ruck, mit dem man sich in solchen Augenblicken ins Bild gesetzt fühlt. Unversehens stehe ich also einer Prinzessin gegenüber aus dem mir von der Strasse aus und auch von seiner Bildergalerie her wohlvertrauten Palazzo Doria, ich frage: «Die Alexanderteppiche?» – War es nicht seit langem mein Wunsch, sie einmal zu sehen? Nur die Trägheit, bei der fürstlichen Intendantur Schritte zur Erlangung einer Sonderbewilligung zu tun, stand bisher im Weg. Eindrücke aus vielen Jahren schiessen mir durch den Sinn: die langen barocken Fassaden des Palazzo am Corso und dem Palazzo Venezia gegenüber – auf dem einzigen Palazzo Doria hatte zu Mussolinis Zeiten keine Fahne geweht –; der alles durchdringende Blick des Papstes Innozenz X., wie ihn Velasquez gemalt; die Claude Lorrains, denen Jacob Burckhardts und Nietzsches Liebe gehörte; die Ane-

PRINCIPE DORIA

monenwiese der Villa Pamphilj; die Seeschlacht bei Lepanto; Schillers Verschwörung des Fiesko: all dies und anderes webt sich unversehens um meine Besucherin, die, nicht anders als vorher, zartgliedrig in ihren dunklen Pelzmantel gehüllt, auf meinen Gedanken eingehend sagt: «Nichts leichter als das; berichten Sie doch, wenn Sie das nächstemal nach Rom kommen, damit Ihnen mein Bruder Filippo die Teppiche zeigen kann.»

Es trifft sich, dass just an diesem gleichen Morgen drei Pergamente auf dem Tisch liegen, die ich kurz zuvor in Berner Privatbesitz aufgestöbert habe. Es sind Zeichnungen des fünfzehnten Jahrhunderts; sie schildern figurenreich Episoden aus dem Leben Alexanders des Grossen. Es ist zu diesem Zeitpunkt bereits abgeklärt, dass es Wiedergaben von Wandteppichen flämischer Herkunft sind.

Die Gräfin Borromeo – als solche hat die Besucherin sich inzwischen bekannt gemacht – ist ihrerseits auf der Suche nach den Schicksalen von Alexanderteppichen. Aus Tournai, erläutert sie, wisse man, dass der Teppichwirker und -händler Pasquier Grenier im Jahre 1459 für eine *Chambre de tapisseries de l'histoire d'Alexandre* quittiert habe, zu der *six panneaux de muraille* gehörten. In Rom seien nur zwei solche Teppiche erhalten, die, vermute man, Kaiser Karl V. dem Andrea Doria schenkte und die sie versuchsweise jener *Chambre* von Pasquier Grenier zurechne. Aufmerksam geht sie die Zeichnungen durch, erkennt den spiralig gehörnten Bukephalos wieder; keine, bestätigt sie, enthält Szenen der Teppiche in Rom. Wohl aber gebe es zwei Zeichnungsfragmente im Britischen Museum, die den hier vor uns liegenden gleichen. Sie entnimmt ihrer Tasche ein Heft des Burlington Magazine mit Abbildungen; nach wenigen vergleichenden Blicken ergibt sich, dass die Blätter in London und Bern von der gleichen Hand sind. Aufgaben, Probleme! bringen diese Zeichnungen hüben und drüben Kunde von den vier verschollenen Teppichen? Manches wäre hier zu erforschen. Der Besuch und das unmittelbar vorher erfolgte Auftauchen jener Pergamente aus jahrzehntelanger Verborgenheit ist ein hübsches Zusammentreffen, das nun ins erste Stockwerk verlegt wird: vor die prangenden Cäsarteppiche und den Alexanderroman von Quintus Curtius Rufus, den nach der Überlieferung Karl der Kühne mit der übrigen Habe vor Grandson verlor. Beides sind Bilddarstellungen aus dem Kreis der neun Helden, in denen einst der unglückliche Herzog seine leuchtenden Vorbilder sah. –

Nach einigen Monaten eine kurze Frühlingsreise nach Rom. Am ersten Morgen klingelt das Telephon: «Ici Filippo Doria»; wann wir uns die Teppiche anschauen kämen? Auch seine Schwester Borromeo sei da. Samstag am späteren Vormittag und dann zu Tisch bei ihm.

Zum vereinbarten Zeitpunkt biegen meine Frau und ich in den Corso Umberto ein. Da, von so vielen Malen her bekannt, zwischen Säulen unter vorgeschweifter Brüstung das Portal, der Torgang, durch den man zu den Bogenkolonnaden des Hofes sieht. Eine Kette hält uns zurück. Der Pförtner, misstrauisch, fragt: «Che cosa desidera?» Wir, unter sotanen Umständen, gucken durch ihn hindurch. Dies genügt ihm als Antwort; er hebt die Kette, sagt bestätigend: «Loro sono invitati.» Schon nimmt uns am Fuss der Treppe ein livrierter Diener in Empfang. Oben angelangt gibt er uns an den Fürsten weiter, der, auf zwei Stöcke gestützt, uns begrüsst und hineinführt, wo seine Schwester und seine Tochter, die letzte Doria, blond, offensichtlich von angelsächsischer Mutter, bereitstehen.

Diese Teppiche, von riesigem Ausmass, hängen in zwei verschiedenen Räumen, im Speisezimmer und in einem langen Saal, in dessen Mitte verlassen die vergoldete Prunkwiege der Doria steht. Mit Gold und Silber durchwirkt sind diese Wandteppiche, über zehn Meter breit, von unwahrscheinlicher Pracht. Wie Cäsar und seine Getreuen in Bern trägt auch Alexander die burgundische Tracht; Waffen und Rüstungen sind dieselben, die das Heer Karls des Kühnen bei Grandson und Murten trug. Da reitet der vierzehnjährige Alexander den eben von Ketten befreiten ungestümen Bukephalos an seinen Eltern vorbei aus dem Marstall. Und hier krönt Philipp, schon auf dem Sterbebett, den Sohn mit der mazedonischen Krone.

Auf dem zweiten Teppich fährt Alexander in einem Gehäuse zum Himmel, mit Hilfe von Greifen, die er mit Schinken an zwei langen Spiessen ködernd emportreibt. Dann wird auch das gegenteilige Wagnis gezeigt: Alexander lässt sich an Ketten in gläsernem Fass auf den Grund des Meeres hinab, den er mit brennenden Fackeln erforschen will. Und Kampf des Helden, Kampf gegen Ungeheuer, Waldmenschen, Drachen.

All dies gibt Anlass zu bunten Gesprächen, bis man uns in ein drittes Gemach zu Tisch ruft. Während des Essens geht Don Filippos Erinnern zurück in die Schweiz, wo er Jugendtage verbracht und in Neuenburg Französisch gelernt hat. Vieler Wanderungen entsinne er sich – damals habe er noch nicht an Arthritis gelitten! – so nach Schwarzenburg und nach Guggisberg. Dann erzählt er, wie ganz anders, mit wieviel mehr Livree zur Zeit seines Vaters der Palazzo bewohnt worden sei, und mit wieviel mehr Gästen. Dazu habe ein verarmter Baron gehört, der allwöchentlich die Runde durch die römischen Häuser machte, indem er am Montag bei den Caetani, am Dienstag bei den Colonna, mittwochs bei den Doria ass, weiter bei den Lante und Ludovisi, willkommen als die lebendige Zeitung von Haus zu Haus, durch den man alles übereinander erfuhr; sogar das Menu vom Vortag habe man jeweils am Revers seines Gehrocks abgelesen.

In der Tat wirkt die Flucht der festlich hohen Räume kaum mehr bewohnt trotz Stuck, vergoldeten Kassettendecken und Wandbrokat. Zum Teil ist das barocke Mobiliar unnachahmlich mit Inventar aus dem neunzehnten Jahrhundert vermischt, das dies alles erst recht versunken erscheinen lässt. Nur im hintersten Raum sind die Möbel nicht von Hüllen bedeckt; hier gibt es bequeme Sessel, liegen Zeitungen und Bücher, stehen Radio und Telephon. Hier ist Entspannung und Leben; nur dem Fürsten, der als Häftling des Faschismus während des Krieges Gefängnis und Lager gekannt, ist es wegen seiner kranken Hüfte nicht vergönnt, behaglich zu sitzen. Er wählt einen geraden, harthölzernen Stuhl, von dem er, sagt er, auch wieder aufstehen könne. Hier wird Kaffee serviert und von den Tagesereignissen geredet.

Nachher lädt Filippo Doria trotz seiner Behinderung zu einem Rundgang durch die Galerie ein, die in so köstlich höfischem Rahmen herrlichste Bilder birgt. Lange stehen wir vor Velasquez' Papst Innozenz X. Das Bildnis ist am Ende des einen langen Ganges als Blickfang neu aufgestellt, mit Hintergrund von Samt, worüber der Fürst unser Urteil erbittet. Dann sprechen wir vom Dargestellten, von dessen fast beispielloser Verlebendigung. Durchdringend sieht er uns an, längst hat die Vergänglichkeit kapituliert. «On a l'impression qu'on le connaît», sage ich in schlechtem Berner Französisch. Lächelnd wendet der Principe sich zu mir. «On a l'impression qu'il vous connaît», bemerkt er mit freundlicher Nachsicht.

Nicht sattsehen können wir uns hernach am gedrängten Farbwunder von Caravaggios «Ruhe auf der Flucht». «Auch hier trugen wir der neueren Schätzung des Künstlers durch Umhängen Rechnung», lautet der Kommentar. Es ist ein Bild, das viele Geheimnisse birgt. Fein hat Hugo Wagner dazu bemerkt, dass hier der Künstler – im Unterschied zu den herkömmlichen Darstellungen – für einmal den Nährvater Joseph in den Vordergrund rückt und dessen inneren Zustand zeigt.

Zulange dürfen wir nicht bleiben. Wir verabreden uns auf morgen, um uns anhand von Lichtbildern in die Alexanderzeichnungen von Bern zu vertiefen, noch unterm frischen Eindruck der Teppiche, diesmal in der Wohnung der Schwester, im gleichen Palazzo, aber rückwärts auf die Piazza Grazioli. «Du darfst auch kommen, wenn Du magst», sagt sie zum Fürsten. So betreten wir am Sonntag zusammen das hintere Haus. Wie wir dort am Pförtner vorbeikommen, sieht dieser fast so unwirsch auf den Hausherrn wie am Vortag der vordere Pförtner auf uns. Später nehmen wir Abschied, endgültig sollte auch dieser sein, denn bald danach ward der Letzte seines Geschlechts von den Schmerzen seines tapferen Lebens befreit.

PIUS XI.

Ein Oktobervormittag des Jahres 1938. In den Sälen der Sommerresidenz in Castel Gandolfo ergehen sich die Teilnehmer am Kongress für christliche Archäologie in Erwartung einer päpstlichen Audienz. Im Gegensatz zur Pracht im Vatikan erscheinen die Räume des Palastes bei aller Würde schlicht, man hatte sie nach Abschluss der Lateranverträge zwischen Kirche und Staat für den «Papst der Versöhnung» neu hergerichtet. Ohne Schwelle führen die Marmorfliesen von einem Zimmer ins nächste, den Wänden entlang Sessel, auf einem Kaminsims die Büste Napoleons, in jedem Saal steht ein Thron.

Für die Audienz ist der grosse Empfangssaal bestimmt. Von der Terrasse geht der Blick unbehindert über die weite Landschaft; tief unten weiss man das Kraterrund des Sees, auf dessen Grund Albalonga schläft, dahinter die Albaner Berge niedergehend zur flachen Campagna; im Hintergrund, mit den Augen erreichbar, breitet sich Rom.

Das Münchner Abkommen, das nach den Worten des englischen Premiers «Peace for our time» versprach, liegt knappe drei Wochen zurück. Noch haben viele die durch Radio verbreitete Stimme des Papstes im Ohr, die sich vom herrisch fürchterlichen

Ton der Diktatoren so massvoll abhob, die fast versagende Stimme eines Greises, der sein Leben anbot als Pfand für die Erhaltung des Friedens.

Zwei Stunden nach der angesetzten Zeit klatschen die Diener in die Hände. Wir sammeln uns um die rot belegten Stufen, auf deren oberster ein goldener, rot überzogener Sessel steht, Gelehrte aus vielen Ländern, Hochschullehrer, Architekten, auch Priester, Mönche, Weisse Väter aus Jerusalem und aus Afrika, helläugige kupferne Gesichter mit schlohweissen Bärten, Männer des Fleisses und der Feder, Entdecker, Ausgräber, Ritter vom Heiligen Grab, die aus Trümmern die frühesten Kirchen erforschten, in Wüsten oder Nacht der Katakomben wie im Lampenschein ihrer Stuben die Anfänge einer neuen Kunst erkannten, das Ringen um neue Formen, mit dem in endender Spätlingswelt, im Keim noch die Blüte verbergend, ein neuer Glaube zum eigenen Ausdruck drängt. Es ist keine grosse Zahl, keineswegs füllt sie den Saal, schweigend umdrängt sie den leeren Thron – eine kleine Heerschar, die, gleich welchen Bekenntnisses, ihre Fahne erhoben hält.

Die Doppeltüren vor uns stehen offen in einer Flucht. Am Ende bemerkt man Bewegung, behutsame Schritte, langsames Näherkommen einer Gruppe mit der weissen überragenden Gestalt. Sesselträger in Rot tragen den Papst, der segnend die Hand erhebt, in den Saal. Das kleine Gefolge, ein Offizier,

PIUS XI.   57

Gardisten, ein Kammerherr, zwei Sekretäre, einige
Diener verteilen sich eingespielt zu seiten des Throns.

Italienisch bringt Monsignore Kirsch die Huldi-
gung der Versammlung dar. Der Papst schweigt,
spricht eine Frage aus, die keiner versteht. Er wiederholt sie, nochmals umsonst, das Mikrophon scheint
unrichtig eingestellt, zum dritten Mal fragt der Papst.
Endlich versteht Monsignore Belvederi, der Sekretär
des Kongresses; mit wehender Soutane sinkt er auf
der untersten Stufe ins Knie, haucht zum Thron hinauf: «Centonovanta, Santità!» – «Centonovanta!»
antwortet der Papst und nickt beifällig mit dem Kopf,
«centonovanta», fährt dann fort: «Pochi ma buoni. E
buoni son' molti!»

Zweimal wiederholt er den Satz, sagt ihn gelassen,
nachdenklich, langsam wärmer werdend vor sich hin,
im Geiste zusammennehmend, was er uns sagen will.

Gerne, beginnt er, hätte er an unserer Arbeit persönlich teilgenommen, und es ist keine blosse Formel,
denn der frühere Präfekt der Ambrosiana hat auch als
Papst die Gelehrsamkeit lieb. Er hatte es unter Beweis
gestellt, als er bei Santa Maria Maggiore das Institut
für Christliche Archäologie erbauen liess und den Lu-
xemburger Johann Peter Kirsch von der Universität
Freiburg im Uechtland zum Direktor ernannte.

Für dergleichen sei er aber heute zu alt. «Anche il
Papa è già quasi un pezzo archeologico!» sagt er plötzlich, schafft überraschend eine heitere Stimmung im

Raum. «Archeologia sacra! La nostra Archeologia!» fährt er liebevoll fort. Sie liege ihm am Herzen; wie gut, fruchtbringend und nützlich sie sei, wie nötig eben heute ihre erzieherische Kraft. Jenseits der Alpen werde zwar zurzeit eine ganz andere Archäologie getrieben, eine heillose, gottlose, schädliche. Er spielt auf die Verfolgungen und Zerstörungen an, täglich gehen ihm darüber Berichte zu. Oftmals wiederholt er die Worte, sie gleichsam unterstreichend; aus dem Stegreif redend, trachtet er nach genauerer Formulierung, begleitet die Sätze mit einem leichten Aufrichten des Körpers, einer Bewegung des Kopfes oder der Hand, als modelliere er die Züge des Bildes heraus.

Er erinnert sich: «Quante cose abbiamo visto!» Unversehens ist es nicht mehr der Papst, der hier spricht, nicht das Haupt einer Kirche; der Rahmen des Gefolges und der Gardisten, die ihn wachsam flankieren, versinkt – hier sitzt ein sehr alter Mann, den Erinnerung an sein langes Leben überkommt, wie ein Vater breitet er sie jetzt vor uns aus. Ruhig, eindringlich kommen die Worte aus seinem Mund, nicht gehobene oder besonders gewählte, es sind Alltagsworte, die um so stärker ergreifen. Seine Person macht ihn fast ehrwürdiger als sein Amt, und dennoch sind beide eins.

Er erzählt, wie er früh in Europa herumkam, wie er, «nei primi tempi della nostra virilità», Höhe und

Sturz Napoleons III. erlebte. «L'abbiamo visto trionfare», – dann die Jahre des zweiten Kaiserreichs, «poi è venuto il giorno di Sedan, e l'abbiamo visto cadere, cadere.» Inzwischen sei ein neuer Stern emporgestiegen, namens Bismarck, den er menschlich höher setzen müsse, und schön war das Eingeständnis über den Widerpart aus der Zeit des Kulturkampfs: «chi però aveva una grande potenza umana» – und wie auch für diesen die Stunde der Enttäuschung und des Niedergangs geschlagen habe.

Weiter besann er sich: Wilhelm der Zweite! Wieder ein Aufstieg in schwindelnde Höhe, dann der Krieg, und am Ende dieser vier schrecklichen Jahre der Kaiser «scoronato ed esiliato, scacciato dal trono».

Plötzlich eine Wendung, ein Handerheben: «Adesso vediamo salire un altro, vediamo successi, trionfi vertiginosi...», dann eine Gebärde in ansteigender Kurve, ein Innehalten: «Cosa vedremo ancora?»

Viel zwar vermöge die irdische Macht, aber wie viel mehr die himmlische, in die zu vertrauen wir nicht ablassen sollen – wie oft habe er sie selber erfahren! «Il Papa non è pessimista; è ottimista!» Wie er täglich viele Pilger empfange, viele junge Paare, wie er sie ermahne, mit der christlichen Erneuerung im eigenen Leben anzufangen, wie er sie segne. Dann, dass er müde sei, wie dankbar er wäre, jetzt ausruhen zu dürfen, aber wie er – hoch richtete er sich auf – sich doch immer noch stark fühle «di fare qualche cosa» –

nun eine uns weit umfangende Gebärde – «per questa grande famiglia, per questa grande casa che la grazia di Dio ci ha affidato», und in der wir doch alle zuhause seien, im Sinne jenes Christuswortes: «In meines Vaters Haus sind viele Wohnungen». Dann, mit Nachdruck, dreimal: «È menzogna, menzogna, menzogna quando si dice che il Papa faccia della politica. La sua unica politica è la salute della Cristianità!»

Abschliessend dankt er für unser Kommen, erteilt den apostolischen Segen, wird dann aus dem Saal getragen, wonach die Doppeltür vom Gefolge sogleich geschlossen wird.

Noch kein Abschied; wenige Tage danach hält Pius noch einmal Einzug, diesmal in seine Kirche von Rom.

Tausende füllen die Basilika, geben ihren ungeheuren Ausmassen die hohe Rechtfertigung. Eine breite Gasse mitten durch das Gedränge wird freigemacht, Schulter an Schulter, Gewehr bei Fuss, stehen Carabinieri Spalier, eben sind sie mit schmetternder Metallmusik einmarschiert. Die Menge unterhält sich laut und erwartungsvoll. Die buntgestreiften Wämser, die Halparten und Helme der Schweizer leuchten auf im Gewühl.

Vorne im Chor, unter Offizieren, Seminaristen und Nonnen, werden Broschüren verteilt, sie enthalten Bild und Lebenslauf der Maria Cabrini, die heute selig gesprochen wird. Ein junger Mann hält in den

Händen eine Mütze, deren silberner Mäander den Rang eines Generals anzeigt. Ist es ein Moreau von Mussolinis Impero? Hinter ihm taucht ein anderes Gesicht, ein ähnliches, aber älteres auf: es ist der Vater, dem der Junge die Mütze hütet.

Verstummen geht durch die endlosen Reihen. Ganz fern wiederum Klänge von Marschmusik. Am untersten Ende des Mittelschiffs biegt um den Pfeiler, noch kaum erkennbar, eine Gruppe, aus der der Thron mit dem Papst aufragt. Ein Gewoge von Stimmen entsteht, das nur gedämpft bis nach vorne dringt. Schritt für Schritt bringen die Träger den Thron voran, unablässig macht die Rechte des Papstes nach beiden Seiten das Zeichen des Segens.

Getöse, unaufhaltsam heranschwellend, begleitet den Zug auf seinem Weg durch das Gotteshaus. Es ist, als ob Israels Volk, von Moses geführt, trockenen Fusses das Rote Meer durchquere: die Menschenflut weicht vor der Spitze des Zuges zurück. Nun erreicht er das Ufer des Chores, wo der Jubel sich fortsetzt, bis er auch uns umfängt. «Evviva il Pàpa!» rufen händeklatschend die Römer, knien nieder, wenn der Thron an ihnen vorbeiwogt.

Der Papst in Pontifikalgewändern, weiss, golden, rot, sieht heute viel müder aus. Zwar verrät das Gesicht, das der segnenden Hand fast unmerklich hierhin und dorthin folgt, kaum etwas, nur der atemschöpfende Mund, die Totenblässe und ein kleines Sichwiederaufrichten des Körpers, wenn er im Sessel zu tief hinabsinkt. Sichtbare Mitte des ungeheuren Aufwands an Menschen und Dingen zu sein, bedeutet für den Greis eine fast übermenschliche Anstrengung. Er sieht unwirklich aus, alterslos.

Jetzt flammen unzählige Kronleuchter auf. Vom Widerschein leuchten Marmor und Gold an Wänden, Decken und am Altar, das Gold des hohepriesterlichen Mantels, der Purpur der Kardinäle, das Violett der Bischöfe, die Pelze der Prälaten, die weissen Spitzenhemden der Ministranten, Stiefel und Helme der Garden, die Mühlsteinkragen der Kämmerer, die Ringe an den Händen, die Ketten über den Schultern, die Kreuze, Sterne und Orden, die fröhlichen Farben der Schweizer, nun uferlos.

Zugleich setzt brausend die Orgel ein und jubelnd, silbern die Stimmen des sixtinischen Chors: «Te Deum laudamus». Die Töne durchströmen die Luft, Weihrauch steigt aus den Kesseln, ins Unermessliche schwillt der Raum.

Einmal – schon auf wenige Schritte klingt es entfernt – ertönt die Stimme des Papstes, der die Seliggesprochene zum erstenmal anruft.

Als der zelebrierende Kardinal, weiss und golden auch er, sich reckend die Monstranz mit beiden Händen in weiter Gebärde über die ins Knie sinkende Menge hebt, beugen vorn die hochgewachsenen Garden in ihren goldenen Helmen mit einem einzigen

Ruck das Knie, indem die Rechte salutierend zum Helmrand fährt. Starr verharren sie so, stehen wie ein Mann wieder auf.

Eine halbe Stunde dauert die Zeremonie. In eins wogen Klänge, Farben und Duft; Augen, Nase und Ohren, Herz und Verstand gleichermassen erfüllend. Einem ihrer Kinder bereitet die römische Kirche den Platz unter den Seligen, nicht einer längst dem Bewusstsein Entschwundenen, sondern einer schlichten Frau unseres Alltags, deren sich viele, die hier weilen, entsinnen, einer einfachen Nonne, die sich der Emigranten annahm und nun im Himmel eine grosse Fürbitterin ist.

Unter den Sessel des Papstes hat man wieder die Stangen geschoben, wieder steht ihm der lange Weg durch das Mittelschiff bevor. Kardinäle und Bischöfe, die Hierarchen der Kirche, die Ministranten, das ganze Gefolge schliessen sich ihm an, in uraltem orientalisch-römisch kaiserlichem Zeremoniell. Nur einmal, als eine Stockung entsteht, ruft die ungeduldige Stimme eines Diensttuenden in den Zug: «Avanti Vescovi, avanti!» und wirklich, sie beschleunigen ihren Schritt.

Wieder sein Segnen, die Zurufe, das Händeklatschen. Eben geht die Gruppe vorbei. Er ist entrückt, und nicht das Amt allein bewirkt die Entrücktheit. Seine Fahrt geht zu Ende, die menschliche Brandung erreicht ihn nicht mehr. Portum invenit.

Zuhinterst im Chor, wo Petri Stuhl in seinem barocken Himmel aus Wolken und Strahlen schwebt, schlägt eine züngelnde Flamme hoch. Hinter den Kerzen hat eine Volute Feuer gefangen. Es ist, als ob Berninis Feuerwerk losgehen wolle, als habe es diesen Augenblick seit langem erharrt.

Zwei Priester klettern hinterm Altar hinauf, versuchen zu löschen, womit? Die Blicke der vielen, die eben noch der Wegzug des Papstes gefesselt, wenden sich dem überraschenden Schauspiel zu. Keine Panik entsteht. Das Haus ist viel zu gross, die Gemüter noch zu stark im Einklang schwingend, als dass Gefühle der Angst sie bedrohten. Ruhig sieht alles dem lautlosen Lodern zu.

Die Feuerwehr tritt in Erscheinung, Schläuche werden angeschlossen, Wasser zischt gegen den Brand und erstickt ihn, bevor er sich ausdehnt. Die Flamme wird kleiner und stirbt. Wenige Wochen danach weilte Pius der Elfte nicht mehr unter den Lebenden.

GONZAGUE DE REYNOLD

Am Tag der Sommerwende hatte ich mit Jean-Baptiste de Weck aus Freiburg im Uechtland einen Besuch in Cressier vereinbart. Abredegemäss setze ich mich um halb elf in die Gaststube der «Krone» in Murten, warte vergeblich, den Blick auf die Gasse fixiert, fahre dann vors Berntor, sehe, wie mein Kollege in seinem kleinen Fiat suchend den Platz umkreist. Auf mein Hupen hält er an und steigt aus: eine halbe Stunde habe er im «Kreuz» umsonst auf mich gewartet. Verwundert, etwas aufgebracht folgen wir einander auf holprigen Wegen ins abgelegene Dorf, treffen verspätet im Schlosshof ein. Der Hausherr erwartet uns in der Halle, wo wir, uns entschuldigend, das Zuspätkommen erklären. Belustigt erwidert er: «La Croix et la Couronne – le Fribourgeois et le Bernois: c'est symbolique!» Der ganze Reynold ist in dieser kurzen Replik.

Er führt uns die Steintreppe hinauf, an Waffen vorbei in eine mit barocken Malereien und behaglichbuntem Ofen ausgestattete Stube, wo seine verehrungswürdige Gattin uns mit Portwein und Waffeln bewirtet. Man trinkt einander zu; Reynold, Schalk um die Mundwinkel, ruft: «A la bonne conservation des conservateurs!»

Die Unterhaltung beginnt mit dem Rückblick auf eine vor Jahrzehnten in Bern gegebene Liebhaberaufführung von Claudels «L'Annonce faite à Marie» unter dem Kommando von Mademoiselle Herking. Reynolds Tochter Elisabeth war die Hauptdarstellerin, bezaubernd in hohem burgundischem Kostüm; man habe, besinnt er sich, sie daraufhin ermuntert, den Beruf einer Schauspielerin zu ergreifen. Dazu sei es zwar nicht gekommen, viel später aber sei sie in Paris öfters neben Claudel in Barraults Aufführung des «Partage du midi» gesessen. Jeder Abend habe den betagten Dichter wie zum ersten Mal bewegt; immer wieder habe er den Finger hebend gesagt: «Jetzt kommt etwas ganz Schönes!» Er selber, Reynold, habe die Bekanntschaft von Claudel nie gemacht und auch nicht gesucht, «par contre je suis au dernier bien avec la veuve!» Anders mit Valéry, bei dessen Nennung die treue Gattin hinausgeht und eine Mappe mit Briefen holt. Auch Zeichnungen Valérys liegen da, entstanden im Verlauf von Sitzungen, an denen Reynold und Valéry teilgenommen, beide als Mitglieder der Kommission für intellektuelle und kulturelle Zusammenarbeit des Völkerbundes, Valéry eine Zeitlang sogar als deren Präsident, den aber wohl wenig so gelangweilt haben mag wie die Teilnahme an solchen Sitzungen. Das pflegte sich etwa so abzuspielen: Valéry rückte auf seinem Sessel, sagte gähnend «Je m'embête». Etwas später: «Je m'emmerde.» Dann plötzlich, zu Reynold, seinem Nachbarn, gewandt: «Présidez!» worauf er gegangen sei. Merkwürdigerweise hätten diese Sitzungen der immer gleichen Leute an immer andern Orten stattgefunden, in Madrid, Athen, in Nizza, statt einfacher, billiger, bequemer in Genf. Einmal auch in Frankfurt: Empfang im Rathaus unter den Bildnissen der Kaiser des Heiligen Römischen Reiches Deutscher Nation. Mit Henri Focillon sei er auf den Balkon getreten, dieser habe auf den Platz hinuntergeschaut und gesagt: «Quelle magnifique place pour y mettre une guillotine. La première tête qui tomberait serait la vôtre». Reynold parierte mit der Marseillaise: «Marchons, marchons, qu'un sang impur/Abreuve Focillon» als Wortspiel mit «Abreuve nos sillons».

So geht das Gespräch in herrlicher Laune voran. Immer, wenn ein Pfeil ins Schwarze abschwirrt, blickt Reynold ihm grosse Augen machend nach, dann mit friderizianischer Wendung herüber zum Gast. Er spricht ein artikuliertes Französisch, ist gegenwärtig, beweglich, wach.

Die Skizzen Valérys zeigen unter anderm eine Brücke in Genf und einen jungen trompetenblasenden Reiter (Trompette du Régiment de Reynold) mit Reynolds kryptographischem Vers: «Le jeune Cavalier monte à che*val, et rit.*» Er zitiert einen Brief des Dichters aus einem schlechten Sommer: «L'été s'étonnera de n'avoir pas été.» Und in einem andern Brief äussert Valéry sich über die Schwierigkeiten, die man Reynold in Bern machte und die zu seinem Verlassen der dortigen Lehrkanzel führten. «L'affaire Reynold», schrieb bündig der Freund, «– c'est la gloire.»

Wir besichtigen das Schloss – eine ehemalige Feste, nun spätgotisch mit Turm und neuerm Seitenflügel –, von dessen Geschichte und Bewohnern er uns erzählt. Der Rundgang führt in den festlichen weiten Saal, neben dem vorkragenden hohen Kamin hängt das prunkende Bildnis des Maréchal de Reynold – «un des innombrables Rigauds» –, hernach in das schmale Arbeitskabinett mit Grisaillemalereien, an dessen Wänden in Reihen die in Leder gebundenen Bücher mit Goldpressung stehen, während die Gebrauchsbibliothek in vergitterten Wandschränken eines langen Korridors untergebracht ist. Durchs Fenster sieht man hinüber zum ländlichen Gotteshaus. Die klassizistische Erneuerung der Kirche bemängelt er, weist dann zu den Gräbern hinüber. «C'est le petit chemin que nous prendrons, ce ne sont que quelques pas». Etwas von der Zuversicht der Schlusszeile in Goethes Gedicht «Der Bräutigam» klingt hier auf: «Wie es auch sei, das Leben, es ist gut.»

So ruhig, gelassen, unresigniert wirkt dieser Mann im Abendschein eines Lebens, das an Fleiss und Arbeit überreich gewesen ist. Meilensteine stehen am Weg; einer ist die Gründung der Neuen Helvetischen Gesellschaft im Jahre 1912. Dem Weg entlang steht auch die Folge der Werke, unmöglich sie aufzuzählen. Vorab die dichterischen «Contes et Légendes de la Suisse héroïque» und die mit Recht berühmten «Cités et Pays Suisses», aufbruchfrohes Zeugnis einer Entdeckung unserer Heimat, das nie ganz veralten wird. «La Suisse une et diverse», die föderalistische Schweiz, ist ihm Ausgang und Aufenthalt; ihr Ruhm ist es, den er singt, ihre Geschichte, die er wie kaum einer kennt, ihre Mission in Europa, an die er glaubt. Valérys Frage: «Wird Europa das werden, was es in Wirklichkeit ist: ein kleines Vorgebirge des asiatischen Festlands?» — wie hat sie auch Reynold gestellt, wie hat er dieses Europa mit Adler-, mit Sperberaugen umkreist, «la Formation de l'Europe», Ursprünge, Zusammensetzung erforscht, die Antike und das Barbarentum, die keltische, die germanische, die russische Welt, die Tragik der Revolutionen. Unermüdlich weist er auf das einzige Unterpfand der Dauer hin, das ihm gewiss ist: dass eine Zukunft Europas allein im Zeichen des Kreuzes liegt. So hat er der Schweiz, der Hüterin des Gotthard, in seinem vielbändigen Werk die Quellen und Ströme der Überlieferung gezeigt, ihm gläubig den Satz vorangestellt: «Si Dieu efface, c'est sans doute pour écrire.»

Daneben gibt es die Einzelabhandlungen von hoher Auszeichnung, über die Schweizer Literatur des 18.Jahrhunderts, über Baudelaire, über Portugal, und — wie dürfte der Berner nicht davon reden? — jene

vielleicht schönste Würdigung, die Bern zuteil ward:
«Le Génie de Berne». Unvergesslich glänzt darin die
Knabenerinnerung vom Festzug des Gründungsjubiläums von 1891: die Weltgeschichte, die Geschichte
Frankreichs, die der Schweiz habe er allesamt aus Büchern gelernt, die Geschichte Berns aber mit Augen
gesehen. Das mittelalterliche gotische Element, der
französische barocke Einfluss auf Menschen und Architektur – immer sieht Reynold Polarität und fruchtbare Einigung. Er sieht auch den Mangel des Berners:
«Il manque presque toujours, au visage bernois, le sourire.» Dann wendet er sich liebevoll der eigenen Vaterstadt zu und schreibt: «L'Âme de Fribourg», Legende, Geschichte, Grenz- und Geisterscheide, Katholizität.

Unter den Städten, in denen er lehrte, befindet sich
neben Genf, Bern, Freiburg auch Zürich. Im gleichen
Auditorium der Eidgenössischen Technischen Hochschule, in dem C. G. Jung Vorlesungen hielt, ragend,
leonardischen Blicks, stand ein Semester lang allwöchentlich Reynolds grazile Gestalt, trug frei, mit
leichter Hand skandierend, die Verse der französischen Symbolisten vor: «Les sanglots longs/Des violons...».

Das alles war lange her. Nun schrieb er seine Memoiren, luzid und lebendig, ihr Erscheinen stand eben
bevor. Er sagte, es gehe ihm gut, aber er sei oft und
schnell müde; noch habe er fünf Gesellschaften auf

den Schultern, darunter das Institut Fribourgeois, die Société des Amis de Versailles und eine neugegründete, welche sich mit den zwei Dutzend «Bourgognes» beschäftige, die wolle man einmal ein bisschen ins reine bringen.

Vom Centre d'Etudes Burgondo-Médianes ging ein anderes Mal die Rede. Burgund – mehr als ein komplexes Gebilde zwischen Nordsee und Mittelmeer, historisch unmöglich, aber folgenreich, geographisch voll Wirklichkeit (auch Bern, auch Freiburg ist ja Burgund), mehr als eine Notwendigkeit, eine Idee – sei eine alte Liebe von ihm. Nicht umsonst lebe er am Rande des Schlachtfeldes von Murten, schon als Knabe von burgundischem Träumen erfüllt, so dass ihn die Mutter ermahnen musste: «Si tu descends à Morat, tu n'oublieras pas mes commissions!» Er wisse nicht, wie oft seither er Lernbegierige dort geführt, im Innern hin und her gerissen zwischen beiden Lagern, einmal mit Karl dem Kühnen, ein andres Mal mit den Eidgenossen identifiziert. Und so war es geblieben, er war der Nachfahr rühmlicher und tapferer Geschlechter. Im untern Salon hing das Porträt eines Ahnen Maillardoz, dem er ähnlich sah, die gleichen Augen, kühne Nase, dasselbe fliehende Kinn. Unweigerlich kam, wie er Tee trinkend darunter sass, die Ähnlichkeit zur Sprache; gleich holte er ein Lichtbild, das ihn als Maillardoz an einem Maskenball zeigte, in Dreispitz, Cadenette, Jabot, den Degen nicht zu vergessen: ein Edelmann aus dem Dixhuitième.

Gentilhomme und Homme de lettres, Gelehrter und Humanist, geistreich und poetisch: wie erging sich's gut mit ihm im Garten, der unversehens in Landschaft überwechselte, in die unspektakuläre, liebliche grüne Landschaft seiner freiburgischen Heimat, die er so liebte und die zeitlebens die seine blieb. Und dort, zwischen Bäumen, unsere Gattinnen, die seine und die meine, hin- und hergehend, von Gartendingen redend, von Kornelkirschen, Dahlien und Phlox. Lebendige Gespräche, offene, irdische, hier und dort, und dennoch: etwas Verwehendes, etwas was man festhalten wollte, etwas was einzig war heutzutage, schwebte über Cressier hin, griff uns ans Herz.

«*Tibi corde, Reynold*»

EPILOG

Lebendig bis zuletzt: so war Gonzague de Reynold. Noch in den Visionen des Sterbenden pulsierte die Geschichte, wurde der Name General Willes laut, dessen Photographie mit Widmung auf seinem Schreibtisch stand und den er noch im hohen Alter, am Ende eines Jahres besorgt vom neuen sprechend, gern zitierte: «Comme disait mon ami, le général Wille: Wenn ich auf dem Pferde bin, werde ich schon reiten.» Bis zuletzt behielt der von Konstitution zeitlebens Zarte im Gespräch wie im Brief seine staunenswerte Präsenz. Im neunzigsten Jahr liess er sich an einem Septembernachmittag durch die Sammlung der Abegg-Stiftung in Riggisberg führen, um tags darauf seinen Eindruck in Worte zu fassen, wie sie bündiger kein Jüngerer vermöchte:

«Il y a d'abord ces détails du symbolisme liturgique, comme, par exemple, ces perles aux pointes de la croix que j'avais longtemps prises pour un ornement et dont je sais maintenant qu'elles représentent les larmes du Christ crucifié.

Il y a aussi cette transition entre le paganisme et le christianisme dont je trouve le pendant dans la littérature de cette époque.

Il y a enfin le fait des influences orientales dans l'art chrétien ce qui détruit l'idée simpliste que le christianisme doit tout aux Grecs. Cela est vrai pour la philosophie, puisque nous devons à la Grèce presque toute notre pensée. Mais les rapports de l'Occident avec l'Orient sont une constante de l'histoire, et c'est surtout l'art qui peut l'illustrer. Voilà ce que j'ai retenu, et je le retiendrai d'autant plus facilement qu'il s'agit d'objets, d'images. Je suis un bon photographe.»

Verwaist blieb im Schloss Cressier ob Murten, dem er zeitlebens die Treue gehalten hat, neben dem grossen Saal das schmale Studierzimmer mit den Bücherregalen und, durchs Fenster in gewölbter Nische, dem Blick auf den Kirchturm jenseits der Strasse, zu dem er, am Schreibtisch sitzend, täglich hinübersah. Dort liegt er unter der Vorhalle neben seiner ihm vorausgegangenen Lebensgefährtin, die er so sehr vermisst und betrauert hat: «...la cruelle expérience que, ce qui est terrible, ce n'est point la mort, mais la séparation».

In dieser Kirche nahm am Nachmittag des 13. April 1970 eine grosse Gemeinde Abschied vom Dichter und Gelehrten, der gleichermassen ein Sohn Cressiers, Freiburgs, der Schweiz und Europas gewesen ist. Bischof François Charrière pries das Ökumenische des katholischen Edelmannes. Sein Leben lang schlug er Brücken zwischen Rom und Genf, zwischen welscher und deutscher Schweiz, zwischen Eidgenossen und Karl dem Kühnen, zwischen Gestern und Heute, zwischen Bürger und Soldat. Dementsprechend war an diesem Tag das Schweizervolk in seiner ganzen Streuung und Stufung vertreten. Nach der – lateinisch gesungenen – Totenmesse senkten Männer des Dorfes den Sarg in die Gruft der Familie, die Blechmusik intonierte schleppend-feierlich «Ich hatt' einen Kameraden», die Ehrensalve der Freiburger Grenadiere liess die Mauern erzittern – wie hätte sie den gefreut, dem sie galt! Vorher war der Sarg in der Halle seines Hauses aufgebahrt, mit dem Degen des Malteserritters geschmückt, davor sein Kruzifix, eine Rose, etliche andere Blumen, während die Kirchhofmauer gegenüber von Sträussen und Kränzen bedeckt war.

Lebendig bis zuletzt: allein im neunten Jahrzehnt seines Lebens erschienen von ihm die drei Bände seiner Memoiren, eine Schweizer Geschichte und «Destin du Jura», dem seine Liebe und tiefe Besorgnis galt. Gleichzeitig blieb er gerecht; immer zu den Quellen dringend, liess er sich den Text der Instruktion der Berner Regierung von 1815 an ihre Kommissare, unter andern den Kanzler Mutach, für die Unterhandlungen «mit den Deputierten der ehemaligen Bischof Baselschen Landschaften» transkribieren und verschwieg in seinem Buch nicht ihren «esprit de souveraineté». Er konnte es sagen: «Moi qui suis tout de même un peu bernois». Und er hatte ein Recht, es zu sagen.

Gonzague de Reynold war an sein Ziel gelangt, ein müder, unermüdlicher Pilger, vollendet ein langes, arbeitsames, an Gründungen und Werken überreiches Leben. Manches wird ihn überdauern, so die Pioniertaten aus der Zeit vor dem Ersten Krieg, die Neue Helvetische Gesellschaft und die drei Bände der «Cités et Pays suisses», Beweise der Liebe eines Patrioten und Föderalisten zum ganzen Land.

THEODOR HEUSS

Bern, 27. August 1957. Das Protokoll hatte den Treffpunkt bestimmt: im Park des Bundesarchivs, bei Hans Wimmers knieendem Bronzeknaben, dem Dankesboten Deutschlands an die Schweiz für Hilfeleistung im Krieg. «Acht Uhr fünfundvierzig» hiess es zuerst, dann, als dem Gast dies zu früh war, eine Stunde später. Bundesrat Feldmann stellte dem deutschen Bundespräsidenten den Cicerone vor, dem Heuss mit seiner tiefen Stimme sogleich ein paar persönliche Worte sagte, souverän beherrschend, was der Franzose mettre à l'aise nennt. Die kleine Gesellschaft fuhr in zwei Wagen zum Rosengarten, von wo man die Halbinsel der Altstadt innerhalb des ganzen Aarebogens sieht. Unterwegs sprach Heuss über Hodler, Kokoschka und andere Maler; dann ging's weiter zum Münsterplatz, wo er sich die Konstellation von Kirche, Staat, Patriziat und Bürgerschaft erklären liess. Einige Blicke galten dem Jüngsten Gericht am Mittelportal, im Eintreten hielt er an, nahm die Zigarre aus dem Mund: «In Deutschland pflege ich sie einem Jungen zum Halten zu geben und dem Jungen daneben zu sagen: Pass auf, dass er nicht mehr als vier Züge raucht! – aber in der Schweiz trau ich mich nicht», legte sie auf den steinernen Sockel; innen durchschritten wir langsam den Mittelgang, während der Münsterorganist probte. Gerne liess er sich unterrichten, dass in Bern sowohl das Münster wie das Rathaus von Schwaben erbaut worden seien, Bundesrat Feldmann zeigte sich darob halb ungläubig, halb belustigt. Vorne wollte ich durch die Schultheissenpforte hinaus, um die Gruppe auf kürzestem Weg zu Fuss durch die Kreuzgasse zum Rathaus zu führen, Heuss sagte: «Wir können da nicht hinaus», hob vielsagend die Hand: «die Zigarre!»

An der Kreuzung stehen wir genau in der Mitte zwischen Münster und Rathaus, zwischen Kirche und Staat, dort, wo im alten Bern der steinerne Gerichtsstuhl gestanden hatte, auf dem der regierende Schultheiss an öffentlichen Landtagen zum Blutgericht sass, und wo an der Ecke der Pranger stand. Wir gingen so den Weg, den am Ostermontag der neugewählte Rat in feierlicher Prozession vom Rathaus ins Münster und wieder zurück beschritt.

Im Rathaus betraten wir den kleinen Hof mit den Rundbögen und Max Fueters Brunnen, hernach die Halle mit ihren wuchtigen Steinsäulen und Balken. Hier bemerkte Heuss die beiden Hodler an der Wand, den grossen Schwingerumzug sogleich als Frühwerk taxierend. Wiederum auf dem Platz, wo die zwei Limousinen und die Polizeieskorte warteten, legte Heuss mir die Hand auf den Arm: «Als ich das letztemal hier war, da war ich noch ein ganz kleiner Mann.

Da hatte ich noch keinen Wagen, da musste ich zu Fuss gehen. Und jetzt will ich auch zu Fuss gehen!» Zum Missvergnügen der Polizei spazierte er also zu Fuss die Kramgasse hinauf, wo er es sich bestätigte: «Das kann man doch nicht im Fahren aufnehmen, da muss man doch zu Fuss gehen!», dann, die gebogene Gasse hinabblickend: «Die macht euch keiner nach!» Die Brunnen wollte er sich erklärt haben, warum es in Bern so viele gebe, ob schon von Anfang an? und erfasste rasch, wie die Wirkung der Gasse nicht so sehr auf der Schönheit der einzelnen Häuser beruhe als vielmehr auf dem Zusammenspiel aller.

Nach kurzem Blick auf die Spieluhr am Zeitglokken und ebenso auf die Traube der Leute, die auf die Auslösung des Spiels beim Glockenschlag warteten, bestiegen wir die Wagen, fuhren durch Markt- und Spitalgasse zum Kunstmuseum, wobei er sich von Herrn Feldmann das besondere Statut der Burgergemeinde erläutern liess. Im Museum fragte ihn der Konservator Huggler. «Was wollen Sie sehen?» Er hatte zu allem Lust. Zuerst also zu den alten Meistern – schon im Münster hatte er bemerkt, wie wenig ihm Niklaus Manuel eine umrissene Figur sei –, dann mit dem Warenaufzug, in den zwei Lehnsessel gestellt waren, ins Obergeschoss, in dem eben an eine Karl Stauffer-Ausstellung die letzte Hand gelegt wurde, zum hundertsten Geburtstag des Malers. Von diesem nun hatte Heuss eine sehr deutliche Vorstellung. Als er nach mehrjähriger Tätigkeit als Privatsekretär Friedrich Naumanns – «Ich war der einzige, der seine Handschrift lesen konnte» – Abschied nahm, habe dieser ihm Stauffers Radierung von Menzel mit Widmung überreicht; das Bildnis hänge noch heute in seinem Arbeitszimmer. Als Depositum befinde sich im gleichen Zimmer eine schwäbische Landschaft von Brühlmann, die er leider nachher wieder zurückgeben müsse, ob auch der noch geschätzt werde? Und Albert Welti? Einmal habe er in Bern Hermann Hesse besucht in einem alten Haus, in dem vorher Welti gewohnt habe. Über Welti gebe es ein schönes Buch von Avenarius. Über Stauffer kam die Rede auch auf die andere Familie Welti, auf Emil Welti, der nach Stauffers Tod für seine von ihm getrennt lebende Gattin Lydia Escher Statuten und Namen der Eidgenössischen Gottfried Keller-Stiftung erdachte: dem Sinne nach eine Karl Stauffer-Stiftung, die die Erträgnisse des Escher'schen Vermögens zum Ankauf von Kunstwerken und ihrer Verteilung in allen Schweizer Museen verwenden darf – und auf den Landsitz «Lohn» bei Kehrsatz, ein Legat Emil Weltis an den Bund, das bei Staatsbesuchen als Unterkunft dient. «Churchill hat da im gleichen Bett geschlafen wie ich heute nacht», sagte Heuss, «aber erschienen ist er mir nicht».

Mit dem Aufzug vier Stockwerke hinab ins Untergeschoss zu den Bildern der Klee-Stiftung, ein etwas brüsker Wechsel, der den Gast nicht zu stören schien. «Wissen Sie, ich wollte auch einmal ein abstraktes Bild malen, um zu sehen, wie das geht; aber es ist gar nicht so einfach. Ich habe wie Klee einen Titel gesucht und auch einen gefunden. Wolle Si wisse, wie er hiess? ‹Enttäuschung›». Zuletzt noch Hodler, für den Heuss, wie er sagte, vor Jahrzehnten, anlässlich der Berliner Sezessionsausstellung, sich in einem Zeitungsaufsatz eingesetzt hatte, wofür ihm der Maler einen Dankesbrief sandte.

Dann wurde zur Moospinte bei Münchenbuchsee gefahren, es regnete nun in Strömen. Im Landgasthof eines bernischen Grossrates empfingen Bundespräsident Streuli, der Vorsteher des Politischen Departements Petitpierre und der Protokollchef Dominicé; als eingeladene Gäste warteten innen der schweizerische Botschafter in Bonn, Albert Huber, und, als persönliche Freunde von Heuss, die er sich dazu gewünscht hatte, Carl J. Burckhardt und Rechtsanwalt Gubler aus Winterthur. Nach einem Glas Weissen in der Gaststube ging man im Nebenzimmer zu Tisch, insgesamt zehn: die beiden Bundespräsidenten an der Längsseite nebeneinander, Burckhardt rechts neben Heuss. Offensichtlich hörte ihm Heuss gerne zu, so etwa wenn er erzählte, wie Ludwig Derleth auf dem Schönenberg mit grossem Zeremoniell ein Autodafé seiner verworfenen, auf Pergament geschriebenen Stücke aus dem «Fränkischen Koran» veranstaltete. Es fielen auch Namen wie Emil Preetorius und Gerhard Marcks, dem schweizerischen Bundespräsidenten fremdklingende Chiffern, so dass er etwa querüber fragte: «Von wem reden Sie?» worauf Burckhardt verbindlich erläuterte, zum Beispiel: «Derleth, ein merkwürdiger fränkischer Dichter», bis der Frager, höflich verwundert, sich erneut seinem Nachbarn zur Linken zuwandte. Heuss vermied sichtlich jedes politische Wort, was die schweizerischen Staatsmänner zu enttäuschen schien. Er sagte: «Wenn die Wahlen vorüber sind und wir eine Regierung haben, hoffe ich wieder etwas mehr bei mir selber zu sein. Sitze jetzt über meinen Memoiren, bin beim Jahr 1910 angelangt.» Botschafter Huber, Heuss schräg gegenüber, lehnte sich vor: «Herr Bundespräsident, wenn Sie jetzt dem Ersten Weltkrieg näherkommen, wird da der Rhythmus Ihrer Erinnerungen schneller oder langsamer?», welche Frage mit einem trockenen «Wolle mer abwarte» quittiert wurde.

«Herr Huber übrigens», fuhr er zu Herrn Petitpierre gewendet fort, «hat anlässlich meines Ausflugs ins Tessin gefunden, ich lasse mich zu wenig bewachen; der Prozentsatz an Geisteskranken sei in der Schweiz höher als anderswo. Ich sah aber keinen Grund zur Besorgnis. Das war doch nur wegen Ascona.»

Es war mit der Presse vereinbart, dass ihr nach dem Essen Zutritt zur Aufnahme einiger Bilder gewährt werde. Vorher liess Heuss die Gläser wegräumen, die zum Teil noch mit Chambertin gefüllt waren. Hastig tranken einige aus; ein übriggebliebenes Likörgläschen stellte Heuss sorgfältig unter das Blumenarrangement, das in der Tischmitte stand. Er lasse sich grundsätzlich nicht mit Alkohol photographieren, das gehe zurück auf die Zeit seines Amtsantrittes im Jahre 1949. Am Tage nach seiner Wahl habe eine Begrüssungszeremonie mit den Hochkommissaren stattgefunden, bei der sie ihn ihrer Freude versichert hätten, dass es ihn gäbe, und er sie, dass es sie gäbe; da habe François-Poncet vorgeschlagen, dies mit einem Glas Champagner oder Sekt zu begiessen. Er, Heuss, erwiderte darauf: «Herr Hochkommissar, Sie sind als trefflicher Deutschlandkenner bekannt, indessen glaube ich die Deutschen noch besser zu kennen. Wenn das jetzt in die Öffentlichkeit käme, würde es gleich allenthalben heissen: ‹Da sauft er wieder mit de Feinde vo geschter...!›» So entstand eine Lichtbildaufnahme in der gemütlichen, von Rauchschwaden durchzogenen Gaststube hinter abgeräumtem Tisch.

Ziemlich schnell wurde dann aufgebrochen. Heuss verabschiedete sich von den Gastgebern, hatte aber noch nicht genug. Er wollte die Burgunderbeute im Historischen Museum sehen. Dahin fuhren wir nun; im Wagen wurde er etwas schläfrig, doch war er bald wieder wach. Beim Treppensteigen machte sich, wie schon am Vormittag, besonders abwärts, Unsicherheit bemerkbar, die, erklärte er, psychisch bedingt sei und auf einen Sturz im Hause seines Sohnes in Lörrach zurückgehe. Auch trug er an der einen Ferse eine leichte metallene Stütze. Lebhaft empfahl er die Anbringung eines Geländers an der grossen Freitreppe zum Museum, viele würden es uns danken, so habe er am Bahnhof in Bonn ein Heussgeländer durchgesetzt. Auf eine Bemerkung zum Abschied, die Siesta habe er nun verdient, entgegnete er: «Wolle Sie wisse, was ich jetzt mache? Ich habe mir im ‹Lohn› ein Plätzchen ausgesucht, da zeichne ich nun das Haus», setzte sich in den Wagen und fuhr winkend die Rampe hinab.

ROBERT BOEHRINGER

Wer Robert Boehringer auch nur einmal begegnete, wurde der Unverwechselbarkeit des Mannes gewahr, in welchem seiner vielen Bereiche die Begegnung sich auch vollzog. Bei aller Vielfalt blieb sein Tagewerk doch stets auf eine Mitte zu gerichtet, in Friedenszeiten als Nationalökonom und Wirtschaftsmann, der am Aufstieg der Basler pharmazeutischen Industrie jahrzehntelang beteiligt gewesen, im Krieg als Leiter des Vereinigten Hilfswerks vom Internationalen Roten Kreuz. Und nie wird die Rede sein von den zahllosen Fällen, in denen ein Unsichtbarer die zartfühlendste Hilfe gewährt hat.

Ihm war es lieber, wenn man von jenen Arbeiten sprach, in denen seine ganz persönliche Neigung zum Physiognomischen Ausdruck fand, so in den zwei Bänden Ikonographie des Platon- und des Homer-Bildnisses. Ihm ging es um das Antlitz des Genius; hätte er in seiner Jugend den Beruf wählen können, den sein jüngster Bruder Erich, nachmaliger Präsident des Deutschen Archäologischen Instituts, ergriff, er hätte diese Werke, auf alter Basler Tradition fussend, kaum anders angelegt.

Die wissenschaftliche Akribie bei musischer Freiheit des Blicks bewährte sich auch in den Büchern, die er in seiner Eigenschaft als Erbe und Nachlassverwalter Stefan Georges erscheinen liess. In der Beziehung zu George, in seiner lebenslangen Treue zu ihm, lag der Schlüssel zu Boehringers Werk und Person, zu der ihm eigenen Verbindung von Denken und Tun, in der ihn jener bestärkt und bestätigt hat. Die in platonischer Heiterkeit geführten Gespräche «Ewiger Augenblick» geben darüber Bescheid. Kam einer von Plänen schwärmend zum Dichter, pflegte dieser zu sagen: «Aber mach's!». Robert Boehringer hat, wovon er träumte, stets in die Tat umgesetzt. Der Dichter, der er selber war, ist darob nicht verkümmert – seine lyrische Produktion währt von den Beiträgen des Jugendlichen in den «Blättern für die Kunst», die durch ihren körperhaften Ton viele bezauberten, über die Bände «Sang der Jahre» und «Gedichte für Frau, Kind und Kindeskinder» bis zu der mit neunzig Jahren eingebrachten «Späten Ernte». Dichten blieb bis zuletzt sein liebster Gegenstand, den auch die beiden Abhandlungen «Über Hersagen von Gedichten» und «Das Leben von Gedichten» bekunden. In Basel lebe ein junger Mensch, äusserte George seinerzeit, der Gedichte von ihm so spreche, wie er – George – sie höre. Dies war Boehringer, der seinen Mitmenschen wohl nur deshalb so stolz und verletzlich erschienen sein mag, weil er alles, was er unternahm, mit furchtsamer Sorgfalt tat. «Unglaublich ist es», sagt Lothario zu Wilhelm Meister, «was ein gebildeter Mensch für sich und andere tun kann, wenn er, ohne herrschen zu wollen, das Gemüt hat, Vormund von vielen zu sein, sie leitet, dasjenige zur rechten Zeit zu tun, was sie doch alle gern tun möchten, und sie zu ihren Werken führt...»

Noch bevor ich ihn kannte, gewann ein Neffe von ihm mein Herz. Vor kurzem erst mit seiner Familie aus Amerika zurückgekehrt, ging er eine Klasse über mir ins Gymnasium, er unterschied sich von den Mitschülern durch seine unnachahmliche Desinvoltura. Boehringer selber traf ich zum erstenmal im Sterbezimmer Stefan Georges in der Clinica Sant'Agnese in Muralto am 4. Dezember 1933. Ich war mit Wilhelm Stein von Bern hergefahren, um Abschied vom Dichter zu nehmen, der in der zweiten Morgenstunde verschieden war. Boehringer überlegte mit den Freunden die Trauerfeier und wie man sie am würdigsten gestalte. Aufgerichtet stand und sprach er im dämmrigen Raum, mit durchdringenden, nicht grossen Augen, hoher Stirn und kräftiger Nase. Aber die Stimme! unvergesslich blieb sie einem im Ohr. Als wir das Zimmer verliessen, trug man eben den Sarg ins Haus.

Später sandte ich ihm eigene Verse, die postwendend eintreffende Antwort in seiner freien geschwungenen Handschrift schloss mit der Bestärkung, etwas hervorzubringen, was nicht gewöhnlich sei. Auch las ihm Wilhelm Stein im Beisein von Ernst Morwitz in Rom meine kurz zuvor entstandenen «Begegnungen mit dem Meister» vor, worauf er schrieb: «Hätten Sie die Stille im Raum erlebt: Sie hätten unser Tun gebilligt.» Für eine Rekonvaleszenz stellte er mir sein neues Ferienhaus in Villars-sur-Ollon zur Verfügung. Es war kein ortsübliches Chalet, sondern ein gemauerter Giebelbau, den die Gattin Margrit sich ausgedacht. Ich sollte ihn «trockenwohnen», Maler und Elektriker arbeiteten noch darin, nach Massgabe ihres Fertigwerdens zog ich von Zimmer zu Zimmer, auch aus der Ferne kümmerte er sich fürsorglich um die Einzelheiten des Tageslaufs.

Er selber wohnte mit Frau und Kind in Genf an der Avenue de Beau-Séjour. Die elegant zu nennende Wohnung hatte vorne drei aneinandergrenzende Zimmer, deren mittleres, der eigentliche Wohnraum, durch Flügeltüren sowohl mit dem Speisezimmer, an dessen Wänden frühe Teppiche hingen, als auch mit dem blau tapezierten Studierzimmer verbunden war, in dem auf den Bücherschäften die antiken Büsten von Homer, Platon und Thukydides standen. Manchmal hob er seine kleine Tochter hinauf, wo sie sich hinter den Marmorköpfen hindurchwand – ein possierlich kontrastierender Anblick. Mit Magenbeschwerden war ich eingetroffen; «Sie sind mein Fall!», rief er, als er es herausfand. Abends, als ich schon am Einschlafen war, ging lautlos die Türe auf, im Dunkel trat seine weisse Gestalt an mein Bett, beugte sich dicht über mich und flüsterte heischend: «Die Kohle bitte!» – er hatte sie mir nach dem Nachtessen aufgenötigt und war ihrer nun selber bedürftig. Beim Frühstück, als ich meinen Teller mit Butter und Marmelade versah, brummte er: «Reicher Leute Kind!» und führte vor, wie er beides seit dem ersten Weltkrieg nie anders als gradwegs aufs Brot zu streichen pflege. Er wollte wissen, warum ich, wenn er Mundart mit mir rede (der gebürtige Schwabe war in Basel aufgewachsen) ihm hochdeutsch erwidere. Die Antwort, dass sein Baseldeutsch mir zu akzentuiert vorkomme, verursachte eine jahrzehntelange Neckerei auf Grund fühlbarer Betroffenheit. «Mit mir spricht er nicht schweizerdeutsch», hiess es jedesmal, bis ich ihm die Geschichte erzählte, die Maxim Gorki in seinen Erinnerungen an Tolstoj berichtet: wie ein Tolstojaner, auf Besuch in Jasnaja Poliana, bei Tisch Eier ablehnt, um den Hühnern nichts Böses anzutun, auf dem Bahnhof in Tula dann mit Appetit ein Fleischgericht verzehrt und dazu sagt: «Er übertreibt, der Alte!» Nur durch die Blume leistete man sich solche Kritik, die er, wenn die Blume danach war, auch anerkennend annahm.

Die Mahlzeiten mit ihm waren durch Jahrzehnte ein sich gleichbleibendes Ritual. Da er Diät hielt, bekam er stets eigene Gerichte vorgesetzt. «Darf ich das essen?», fragte er, während er, wenn er anderswo und ohne Frau zu Gaste war, triumphierend auszurufen pflegte: «Ich esse alles!» Oft war das Zusammenspiel der Ehegatten für anwesende Dritte nicht ohne Beschwer, so wenn er die viel jüngere, sehr kluge und im Grunde heitere Frau, die er über alles liebte, berichtigte oder die Spontane, wenn sie ihrer Rede einmal freien Lauf liess, unterbrach: «Darf ich auch einmal etwas sagen?» Ihr Wesen kam, wenn man allein mit ihr war, freier zum Ausdruck, wie überhaupt beide sich einzeln gelöster gaben. Bei einem Morgenessen zu zweit zitierte sie die Marschallin aus dem Rosenkavalier: «Jetzt wird gefrühstückt», worauf wir die ganze Partie sangen, bis er plötzlich gross in der Türe stand und, den Barschen spielend, fragte: «Was ist hier los?» – «Wir singen den Rosenkavalier», gab sie lachend zurück, worauf er: «Ja ja, Ihr seid fürs achtzehnte Jahrhundert», und dröhnend: «*Ich* bin für die Ottonen!»

Im Tischgespräch ging es immer wieder um Sprachliches, um Bedeutung und Nuancen von Wörtern. War etwas kontrovers, stand er auf, ging ins Arbeitszimmer hinüber und kehrte mit einem Band des Grimm'schen Wörterbuchs zurück, aus dem er die betreffende Stelle laut vorlas. «Nie etwas aufschieben!», mahnte er gern. Wenn er im Reden nicht sofort das richtige Wort fand, überbrückte er mit lautem Summen die Zeitspanne, bis es ihm einfiel. Dante und George waren ihm gleichermassen vertraut, oft sprach er melodisch ganze Strophen vor sich hin:

> «Nicht ist weise bis zur letzten frist
> Zu geniessen wo vergängnis ist.»

Oder:

> «Dass ich mich unsrer leerheit nicht entsinne
> Mit schatten tue wie mit fester sache.

Hielt man sich im Nebenzimmer auf, drang seine sonore Stimme solche Verse hersagend oder auch nur wie Raunen durch die geschlossene Tür. Im Alter näherte sich der Tonfall seiner Rede willentlich oder unbewusst immer stärker der des alten George. In der Jugend hatte er mit dem Gedanken gespielt, Schauspieler zu werden, meisterhaft ahmte er andere Menschen nach, unterliess aber nicht, besonders wenn man es selber tat, auf das Schädliche solcher Mimesis hinzuweisen, weil das Schlechte, das man beschwöre, rächend in einen selbst übergehe. Gedichte las er ganz wunderbar, schwellend, ausschwingend, mit gehaltenen Vokalen, die Umlaute ä und ö fast übermässig betonend, dann wieder leise und zart. Tonaufnahmen gibt es leider nur aus der späten Zeit, in der die Tragik seines Lebens aus der Stimme nicht mehr gewichen ist. Auch seine Frau las, von ihm geschult, mit klarer

Stimme die Verse artikulierend. Er *lebte* mit der Dichtung, sie war sein Element; mit Menschen anderer Art, sagte er, gebe es keine Verständigung. Den Gleichgesinnten galt die Schlusszeile seines Gedichts «Hölderlin»:

«Und eins sind sie denn es ist eins in ihnen.»

Wie für George war ihm das Ernstnehmen eines Berufes, was immer auch dieser war, selbstverständliche Pflicht, man hatte sich darin zu bewähren. Als ich nach dem Studienabschluss eine Italienreise vorhatte, fand er, nur so in den Süden zu fahren hätte wenig Sinn, ich sei Architekt mit Neigung zur Kunstgeschichte, dies sollte ich nützen und den Aufenthalt mit einer Doktorarbeit verbinden. Das Gespräch fand im Haus meiner Eltern statt, er legte, auch darin George folgend, Wert auf gute Beziehungen mit der Familie jüngerer Freunde. Nachdem mein Vater mich veranlasst hatte, im Studium der Familientradition zu folgen, leuchtete ihm der Italienplan in dieser Form ein: Boehringer nannte die Namen der Professoren Curtius, Gerkan und Kirsch, eines persönlichen Freundes von Papst Pius XI. in Rom, zu diesen würde er mir Empfehlungen mitgeben. Er geriet in Schwung, nannte Unterkünfte und Trattorien, an der Via Lombardia habe er im Wirt des «Tempio di Baccho», genannt Subito, einen Freund. Immer sei es, sagte er, sein Traum gewesen, eine Agentur «Delphi Cook» zu gründen und zu betreiben, die das Leben seiner Freunde sinn- und zweckgebend lenke, da doch die wenigsten wüssten, was ihnen in Wirklichkeit frommt. Im Herbst suchte ich die Genannten auf: Armin von Gerkan am Deutschen Archäologischen Institut schlug, als ich ihm meine sehr ungefähren Vorstellungen eines Themas vortrug, nach kurzem Überlegen den byzantinischen Rundbau Santa Maria Maggiore in Nocera Superiore nördlich von Salerno als Forschungsgegenstand vor, ein ehemaliges Baptisterium, über das man wenig wisse, es wäre in Grund- und Aufriss zu rekonstruieren. Monsignore Kirsch vom päpstlichen Institut für frühchristliche Archäologie billigte das Vorhaben, versah mich mit einem Brief an den örtlichen Parrocco und bot mir schon beim ersten Besuch an, die Arbeit nach ihrem Abschluss in der von ihm herausgegebenen vatikanischen Fachzeitschrift zu veröffentlichen, was dann auch der Fall gewesen ist.

Trotz seiner Hilfsbereitschaft war der Umgang mit Boehringer stets eine Gratwanderung. «Wir haben ja alle Angst vor dem Robert», gestand halb ernst, halb lachend sein Bruder Erich, dem der Ältere doch unendlich zugetan war. In allem war er ganz; ob er die Suppe löffelte, eine Banane zu Brei zerquetschte oder abends den Vorhang zog, war die Geste stets pantomimisch ausholend: keine halben Bewegungen! «Alles, was man tut, muss man ganz tun!» Peinlich genau beachtete er die Vorschriften des Arztes in bezug auf seine kranken Augen, auf die Minute pünktlich unterbrach er mitten im Satz das Gespräch: «Zeit für meine Tropfen!» Wenn man auf eines seiner Ansinnen aus Zeitmangel nicht sogleich oder nur zögernd einging, quittierte er es unwirsch. Aber er war stolz auf die Leistungen seiner Freunde und Verwandten, so wie er an ihren Schicksalen und Familien oft tief einwirkenden Anteil nahm. Er stellte Verbindungen her, vermittelte Spitalaufenthalte und Operationen, ermöglichte Ferien, unterstützte in Not Geratene, half, half, half. Er hatte ein langes Gedächtnis, mitunter kamen längst vergangene Dinge erneut aufs Tapet. Doch konnte er seine Hefte auch revidieren, wie ich es im Fall des Bildhauers Alexander Zschokke erlebte. Dieser hatte ihn schwer verstimmt, indem er, als Boehringer ein Bildnis Heinrich Wölfflins, den er verehrte, bei ihm anregte und das Modellsitzen in Wölfflins Zürcher Wohnung am Talacker vorschlug, bündig erwiderte: «Der soll zu mir nach Basel kommen. Papst Julius kletterte auch zu Michelangelo aufs Gerüst!» Jahrelang war daraufhin der Verkehr zwischen Genf und Basel eingestellt. Als ich meinerseits eine Monographie über den Bildhauer u.a. mit den Tafeln zweier Georgeköpfe Zschokkes herausgab, sprach Boehringer – es war auf einem Bahnsteig vor Abfahrt des Zuges – mich vorwurfsvoll daraufhin an:

«Dass Sie diese Köpfe bringen konnten! Entsprechen sie denn Ihrer Vorstellung vom Dichter?» Ich sagte nein, aber der Vorstellung Zschokkes, drum habe ich sie bringen müssen, worauf er den Marquis Posa im «Don Carlos» abwandelnd zitierte:

> «Dass Sie konnten, was Sie zu müssen
> eingesehen, hat mich
> Mit schauernder Bewunderung
> durchdrungen.»

Dann, nach längerem Auf-und-ab-gehn: «Es hat offenbar jeder ein eigenes Bild vom Dichter, *sein* Bild.» Aus dieser Überlegung ging später der Titel seines Buches «Mein Bild von Stefan George» hervor.

Zschokke selber trafen wir in Aarau wieder, als er eben die grossen Figuren seines Brunnens vor dem Basler Kunstmuseum in der Glockengiesserei Rüetschi in Bronze giessen liess. Er lud uns ein, ihn dorthin zu begleiten und erklärte uns den uralten fesselnden Vorgang. Der Friede war wiederhergestellt, Boehringer wurde einer der treuesten Freunde des Künstlers, nicht zuletzt wegen dessen lebenslangem Ringen um das Bildnis Georges.

Von der Avenue de Beau-Séjour in Champel zog die Familie weiter hinaus in ein Landhaus namens Ferme au Bout-du-Monde. Auf einem ihrer Spaziergänge hatten sie es entdeckt und erfahren, dass es zu kaufen sei. Trotz seines Sträubens erwirkte sie mit sicherem Vorausblick den Kauf des Hauses als Alterssitz ihres Mannes; es war aus dem frühen neunzehnten Jahrhundert und hatte Dependenzen, grossen Garten über der Arve und freien Blick zum nahen Salève hinüber. Überzeugt von der Richtigkeit der Sache baute sie, mutig wie sie war, gegen seinen hartnäckigen Widerstand das Haus zweckmässig um und bewerkstelligte den Umzug in seiner Abwesenheit samt Bibliothek und George-Archiv. Durch Jahre zog sich die Ausgestaltung des Gartens hin, sie liess die schattenspendenden Platanen vor der Veranda stehen und stellte Oleander hinein, legte Wege durch die Wiesen, pflanzte Rhododendren, Azaleen und viele andere Sträucher. Das Haus selber nahm die Kunstwerke – alte Meister, griechische Vasen – und alle die Bücher auf. Bald gewöhnte er sich an die neue, soviel freiere Umgebung. An seinem Siebzigsten las er den Geburtstagsgästen ein langes Gedicht vor mit dem Titel «Am End der Welt». Aufleuchtend sagte sie leise: «Das ist *sein* Dank!» Als sie schon nicht mehr lebte, machten die von ihr angelegten, ihm vertraut gewordenen Wege dem Erblindenden das Spazierengehen überhaupt möglich. Im Hofgebäude war eine italienische Familie untergebracht; Giuseppina, zuletzt vollends unentbehrlich, sorgte für sein leibliches Wohl. Wenn man ihn nun besuchen kam, stand er nicht mehr wie früher im braunen Anzug erwartend hinter der Haustür, um sie beim ersten Klingeln zu öffnen, es galt nun immer erst eine Weile Giuseppina abzuhören: Wie sehr er seine Frau vermisse, deren Handtasche noch immer auf dem gleichen Möbel liegen müsse, damit er beim Gang vom Esszimmer ins Wohnzimmer hinüber kosend drüber streichen könne. Wie er vor ihm nicht genehmem Besucher den Moribondo spiele, und, kaum sei der fort, wieder munter werde. Wie er sie Cara Figlia, cara Mamma nenne und dies, trotz Mann und Söhnen, ihr wahres Leben sei.

Auch als er nicht mehr allwöchentlich für mehrere Tage als Berater der pharmazeutischen Industrie nach Basel fuhr, blieb er in genauer Tageseinteilung von Arbeit, Mahlzeit, Siesta, Besucherempfang unermüdlich tätig. Er errichtete eine Stiftung, der nach seinem Ableben der Nachlass Georges – Handschriften, Briefe, Erstausgaben etc. – zu übergeben war. Ihren Sitz hatte er zunächst in der Schweiz vorgesehen, wählte dann aber nach kurzem Gespräch mit dem Stuttgarter Oberbürgermeister Klett dafür die württembergische Hauptstadt. Eigentlich hatte ihm das Kloster Bebenhausen als Aufbewahrungsort vorgeschwebt, wo sich auch Hölderlins Nachlass befand, der aber nach dem Neubau der Landesbibliothek aus Sicherheitsgründen dorthin kam. George neben Hölderlin zu wissen, war ihm als Schwaben ein besonders lieber Gedanke.

Diktierend und sich alles vorlesen lassend unterhielt er, immer älter werdend, Kontakte über die ganze Welt. Er erbat und erteilte Rat, gab Aufträge an Auktionen, bewirkte eine Veröffentlichung nach der andern. Er besorgte, oft in Verbindung mit Georg Peter Landmann, die zweibändige Gesamtausgabe des Georgeschen Werkes, die Briefwechsel des Dichters mit Hofmannsthal und mit Gundolf und die grosse Monographie, die Georges Menschentum wie keine andere aufleuchten lässt. Er sammelte darum die Zeugnisse der Freunde und unterbreitete seine Texte ihrem Urteil. Wenn man in einer Sache nicht mit ihm einig ging, konnte er schreiben: «Nein, da verstehen wir uns nicht, aber es zeigt mir, was ich vom dürren holz zu erwarten habe, wenn schon das grüne ächzt...» Als er mit dem Buch fertig war: «...Das auslaufende Jahr hat manches gebracht, ich dehne mich und träume Neues.» Er war damals 67jährig. Er schuf die Drucke der Stefan George-Stiftung mit dem von Gemma Wolters-Thiersch entworfenen Lorbeerkranz als Signet, er gewann die Autoren und hielt sie anschliessend mahnend, werbend, drohend, an vereinbarte Termine, auch an die Kosten erinnernd, zugleich grosszügig und haushälterisch in Trab. Er übertrug mir die Redaktion eines Gedenkbandes über den Bildhauer Victor Frank, der in Georges letzten Lebensjahren dessen Begleiter gewesen und im Krieg unweit seiner Geburtsstadt Moskau gefallen war. Ich trat mit den noch lebenden Freunden Franks in Verbindung und zeichnete mit ihrer Mithilfe des Frühvollendeten Bild. Mit dem fertigen Manuskript erschien ich am Ende der Welt. Boehringer – man sass neben ihm, die Füsse auf dem hohen Schemel davor ausgestreckt – legte es auf die Decke über seinen Knieen, strich mit der Hand flach darüber und sagte: «Kein Mensch wird das kaufen!», worauf ich, nach aller gehabten Mühsal, ihn anschrie: «Das dürfen Sie nicht sagen, das macht mich krank. Wissen Sie überhaupt, wieviel Arbeit dahinter steckt?» Ganz sanft bat er darauf seine Frau, die dabei sass, mir einen Kaffee zu geben, «den braucht er jetzt!» – «Ja, den brauche ich in der Tat!», gab ich zurück und trank. Darauf sagte er: «Wir gehen jetzt zusammen hinauf», erhob sich, ging mir voran zum Lift, der vom Wohnzimmer ins obere Stockwerk führte, und ins Arbeitszimmer hinüber. Dort setzte er sich wieder hin und wies mit der Hand auf eine bestimmte Stelle in der Bücherwand: «Da steht mein Dante. Bitte nehmen Sie drei Bände heraus und greifen Sie dahinter. Was finden Sie?» – «Filzstifte!», antwortete ich. «Bitte nehmen Sie sie hervor! Sehen Sie, das sind meine Filzstifte, die brauche ich, weil ich mit denen grad noch erkennen kann, was ich schreibe. Man nimmt mir ja immer alles, drum verstecke ich sie hinter dem Dante. Denn ich bin ein alter und blinder Mann und das müssen Sie wissen! So, und jetzt gehen wir wieder hinunter!» Es war seine Form der Entschuldigung. Was er mir nicht sagte und was ich erst hinterher von anderer Seite erfuhr, war, dass er am selben Morgen vom Verlag Bescheid erhalten hatte, wonach vom Briefwechsel George-Gundolf, der in grosser Auflage erschienen war, unverkaufte Bestände am Lager seien, die man nun wohl einstampfen müsse. Resignation, nicht Kritik, war der Grund seiner mir so unpassend vorkommenden Bemerkung gewesen. In kleinerer Auflage gedruckt, war das Buch über Frank innert weniger Monate vergriffen und wurde zu seiner und meiner stillen Genugtuung neu aufgelegt.

Walther Greischel, Museumsdirektor in Magdeburg und nach dem Krieg in Münster, zuletzt in Orselina, sollte in derselben Reihe die Bildnisse Georges edieren. Jahrelang sammelte er das Bildmaterial, katalogisierte es und erstellte Hunderte von Notizen, zum Ganzen runden wollte sich ihm aber der Stoff nicht mehr. Ein Schlaganfall veranlasste seine Hospitalisierung in Freiburg i. Br., wo ich ihn besuchte, ein einziges Wort brachte er noch über die Lippen: «Wütend». Telephonisch berichtete ich Boehringer vom Spital aus, wie ich den Patienten angetroffen habe und dass er über seinen Zustand wütend sei. «Nein», sagte die Stimme aus Genf, «er ist nicht wütend über seinen Zustand, er meint, ich Boehringer sei wütend, dass er den Bildnisband nun nicht zu vollenden vermöge. Bitte gehen Sie zurück an sein Bett und sagen Sie ihm,

Sie würden es fertig machen, das hilft ihm.» Genau so geschah es, ich aber hatte unversehens einen neuen Auftrag im Sack, nachdem ich auf Boehringers Bitte soeben ein Buch über die George-Bildnisse Alexander Zschokkes zu dessen 80. Geburtstag herausgebracht hatte. Das Erscheinen des Bandes «Stefan George im Bildnis» sollte weder Greischel noch Boehringer selbst mehr erleben. Vorsorglich hinterliess dieser testamentarisch den für die Druckkosten erforderlichen Betrag mit der Auflage, das Manuskript müsse innert Jahresfrist in Satz gegeben sein!

Als er noch besser sah, trafen wir uns während Jahren an Georges Todestag in Locarno, wo wir im Hotel Quisisana abstiegen, er nannte es das «Quisiannoia». Wir wanderten zum Molino dell'Orso, wo wir, unabhängig voneinander, einst beim Dichter zu Besuch gewesen waren – und zur Kirche San Quirico überm See, an den «unglaublichen Batissen» vorüber – wie viele inzwischen verschwunden! Beim Gärtner Schaeppi besorgten wir einen Kranz und verweilten in Minusio vor dem Grab, dessen von Frank entworfenen Namenslettern sieben Lorbeerbäumchen umstanden. Es war flankiert von den Familiengräbern Merlini und Leoni – Merlin und Löwe, wir fanden die Namen beziehungsreich. Nachträglich erwarb er, um mehr Raum zu schaffen, einen Grabplatz vor der Platte hinzu, nicht ohne Widerstand des Gemeindeschreibers, der ihm bedeutete: «È anche per noi!», eine Bemerkung, die er gerne zitierte. Am 4. Dezember 1938 lag auf der Steinplatte unversehens ein marmornes Kreuz. «Unglaublich, was soll das?» rief er zornig, dann aber: «Wissen Sie was, wir tun das Kreuz auf Lechters Grab.» Der Maler und Buchkünstler Melchior Lechter, Georges langjähriger Freund, war im Oktober in Raron, wohin er, um Rilkes Grab zu malen, gefahren war, plötzlich an Herzversagen gestorben und auf dem gleichen Friedhof beigesetzt worden. So geschah es, bald danach schmückte es Lechters Ruhestatt als Gruss von Minusio nach Raron hinüber.

Es kam der Krieg, auch für Boehringer eine schwere Zeit. Zum Schutz seiner jüdischen Frau und des Kindes überlegte er, obwohl sie ihm widerstrebte, die Auswanderung nach den Vereinigten Staaten. Er schrieb damals, im Januar 1941: «Von drüben laden rufe mich ein, immer dringender, aber ich kann ihnen nicht folgen. Jedesmal wenn ich es tun wollte, wehrte sichs in mir dagegen bis zur verweigerung der nahrung.» Mit Hilfe seines Anwalts Paul Lachenal erwirkte er schliesslich die für Deutsche damals kaum zu erreichende Einbürgerung in Genf. Carl J. Burckhardt vom I. K. R. K. gewann ihn als Leiter des Vereinigten Hilfswerks, in dem er, aus dem Nichts aufbauend, mit Aktionen zu Gunsten der notleidenden Zivilbevölkerung, namentlich in den besetzten Ländern Europas, Staunenswertes vollbrachte. Hans Bachmann hat berichtet, wie er als Vorgesetzter dabei nicht immer bequem war. Wenn er bei einzelnen Mitarbeitern mangelnde Pünktlichkeit wahrnahm, stellte er am frühen Morgen seinen Schreibtisch in die Eingangshalle, fixierte die Spätkommenden und blickte demonstrativ auf die Uhr, worauf fortan wieder jedermann pünktlich war. Für Burckhardt, den im Wesen Grundverschiedenen, empfand er eine mitunter hadernde Liebe; bis zuletzt blieben sie einander verbunden. Ende Januar 1974, als Burckhardt sterbenskrank in der Genfer Klinik Beaulieu lag, empfing mich Boehringer mit den Worten: «Sie wollen noch zu Burckhardt? Sind Sie angemeldet?» Ich verneinte, unschlüssig, was richtiger sei: vorher anrufen oder einfach hingehen? Die Hände flach vor der Nase, sagte er: «Muss nachdenken.» Dann: «Wenn Sie einfach hingehen und er kann Sie *nicht* empfangen, ist es die grössere Belastung für ihn, als wenn er Ihnen vorher sagen kann, ob es ihm passt oder nicht. Dort ist das Telephonbuch!» Also rief ich an und erhielt von Burckhardt selber Bescheid, zu der von mir vorgesehenen Stunde erwarte er seinen Arzt, aber eine Stunde später sei ich willkommen; es wurde mein letzter Besuch bei ihm.

Boehringer selbst stand damals schon im neunzigsten Lebensjahr. Ich begleitete ihn beim Spaziergang im Garten, der Tag war schneefrei und grau. Er fragte: «Wieviel ist die Temperatur?» Ich vermutete sieben Grad, er deren zehn: «Wir können ja den Thermometer konsultieren.» – «Ja», sagte ich, «wo ist er schon?» – «Daran, dass Sie das nicht mehr wissen, sieht man, wie lange Sie nicht hier gewesen sind. Wieviel Grad lesen Sie?» – «Acht Grad.» – «Sie haben gewonnen!» Um mich in Gleichschritt zu bringen, skandierte er: «links, links, links», zählte bis zwanzig, blieb stehen, spuckte aus, marschierte weiter, «eins, zwei, drei, vier», wieder bis zwanzig, innehalten, und so wohl ein Dutzend mal, bis er fragte, wieviel Uhr es sei. Es war Essenszeit, wir gingen hinein. Im Speisezimmer tastete er sich zu seinem Stuhl, streckte den Arm aus: «Bitte hier links! Der Stuhl rechts ist der Platz meiner verstorbenen Frau. Er wird nur im Notfall besetzt. Sie haben Ihre eigene Flasche Wein.» Giuseppina trug das Essen auf, jedem sein eigenes. Er nahm sich selbst, nicht ohne vorher zu fragen, was es denn sei. Wir assen schweigend. Schliesslich bat er: «Essen Sie meines noch fertig. Bitte nehmen Sie! Aber nid verrätsche!»

Oft habe ich solche Mahlzeiten mit ihm geteilt. Früher, als seine Frau noch am Leben war, wurde er ungehalten, wenn wir uns an ihm vorbei unterhielten und der Schwerhörige nicht zu folgen vermochte. Er brüllte dann: «Blablablablabla!» – Einmal sagte er: «Heute kann ich Sie nicht zum Essen behalten. Herbert Steiner kommt um zwölf, um etwas mit mir zu

besprechen. Bitte kommen Sie wieder um drei Uhr.»
Nachmittags erzählte er: «Herr Steiner, als er kam,
fragte sogleich, ob Sie das gewesen seien, der eben im
hellen Regenmantel weggegangen sei. Ich antwortete, ich wüsste nicht, was Sie für Regenmäntel trü-
gen.» Ein anderer Österreicher, der bei ihm verkehrte,
war Leopold Andrian, ein Jugendfreund Hofmannsthals, dessen mit achtzehn Jahren geschriebenes Frühwerk «Der Garten der Erkenntnis» bei Erscheinen und
auch später immer wieder viele Bewunderer fand. Ich
fragte Boehringer: «Wie ist er so?» Antwort: «Ich
wünschte, ich hätte ihn nicht kennengelernt.»

Wenn ich länger als einen Tag blieb, was ihn freute
(auch wenn er bei der Anmeldung sagte, es ist just der
schlechteste Tag – *jeder* Tag sei der schlechteste, beschwichtigte dann die Gattin allfällige Skrupel), gab
er mir jeweils abends ein paar Unica aus dem George-
Archiv mit hinauf, so einmal die unveröffentlichten
Briefe Max Kommerells an den Dichter. Am Morgen
nach dem Achtzigsten fand ich ihn mit der Sichtung
seiner Geburtstagspost beschäftigt, drei Körbe vor
ihm auf dem Tisch. Der Schwiegersohn las laut die
Namen der glückwünschenden Briefschreiber, Boehringer erwiderte jeweils nur: «Fern» – «mittel» –
«nah», und der Brief kam als Vorbereitung zur Ver-
dankung in den entsprechenden Korb.

Die Tochter Konstanze weilte damals schon nicht
mehr unter den Lebenden. Noch nicht dreissigjährig

war die zeichnerisch hochbegabte junge Frau von ihren vier Kindern weggestorben, im Leben des Vaters ein nie verheilender Schmerz. Die Urne kam nach Florenz unter die Zypressen des protestantischen Friedhofs vor Porta Romana, auf dem auch Karl Stauffer und Arnold Böcklin ruhn – wie später die Asche der Eltern.

Seinen 90. Geburtstag am 30. Juli 1974 wollte er durchaus noch erleben. «Wie lange geht es noch, bis ich neunzig bin?», fragte er wiederholt, am Tage selbst war er zu schwach, um sich zu erheben. Die etwa dreissig Gäste, Freunde und Verwandte, denen im Garten die Tafel bereitet war, gingen einzeln hinauf und traten, ihren Namen nennend, zu ihm ans Bett. Er lag unbeweglich mit geschlossenen Augen da und gab durch Wiederholung des Namens zu erkennen, dass er den Besucher zur Kenntnis nahm. Zehn Tage später entschlief er. Fast die gleiche Schar traf sich in der Kapelle Saint Georges zu Totengebet und Lesung von Gedichten, der «Rückkehr» aus Georges «Jahr der Seele»:

> «Ich fahre heim auf reichem kahne,
> Das ziel erwacht im abendrot,»

und von ihm selbst die «Lebensmitte» mit der Schlussstrophe:

«... als ich auf schmalem brückenbogen
Zur mittaglichen höhe rasch gelangt
Der säge strich vernahm so schrill gezogen
Dass auch ein fester herz davor gebangt.»

Über dem Abschied lebte seine Gestalt wieder auf, sein in früheren Jahren so herzlich werbender Ton, sein Älter-, Alt- und Uraltwerden, die Tragik der Erblindung dessen, dem Anschauung alles gewesen war. Seine fortwährende Treue, sein Ungestüm, seine Zartheit und Diskretion. Seine Umsicht und Präzision bis zur Pedanterie. Seine Freude an gemeinsamem Planen und Tun und auch seine Phantasie. Seine Trauer um die Verluste der Nächsten, der Panzer, der sich allmählich um ihn schloss. Dennoch: seine Aufmerksamkeiten an Jahrestagen und das jährliche Versenden von Kamelien aus Locarno an die Gattinnen seiner Freunde. Seine plötzlichen Anrufe, eines Tages nur dies: «Meine Frau ist heute morgen gestorben. Ich möchte jetzt wieder auflegen dürfen.» Seine wöchentlichen Botschaften, ausführliche oder kurze, drei vier Zeilen bloss, aber wie! «Zu Ihrem bevorstehenden Geburtstage schicke ich Ihnen herzliches Gedenken. Durch viele Verbindungen sind wir vereinigt und ich bin froh, dass Sie geboren sind» (21.12.1973). Früher: «Auf manches möcht ich Sie hinweisen: es drängt sich zu Ihrem ohr» (15.6.1958). Oder: «Wenn Sie (...) etwas luft haben sollten, lassen Sie es wissen

Ihren nun im 78.jahre atmenden R. B.» (31.7.1961). –
«Weil ich Ihnen gestern nur unerfreuliches berichten
konnte diese kleine geschichte: Zissa (die Enkelin) –
13jährig – sagt zu einem 5jährigen bub: ‹Du bist en
Liebe.› Er: ‹I find mi au lieb.›» (31.10.1966).

So beantwortete er postwendend jeden Brief, auch
als er blind war und taub, noch täglich vier Sekretä-
rinnen beschäftigend.

Seine Anspruchslosigkeit bei allem Besitzerstolz:
«Ich habe sechs Häuser und wohne, wenn in Basel, im
Greub.» Seine strahlende Laune auf Reisen, einmal zu
zweit nach Bingen und einmal zu dritt mit seinem
Vetter Ernst Boehringer durch den Rheingau, wo die
beiden sich im Rühmen des Schwabentums überboten, was nach seiner politisch kompromisslosen Hal-
tung zur Zeit des «Dritten Reiches», in der er Deutschland gemieden, doppelt eindrucksvoll war. Ingelheim
überhaupt war ihm nah seit der Zeit im ersten Weltkrieg, als er, während seine Vettern im Felde standen,
die Firma C.H.Boehringer Sohn leitete. Sein Rat-
holen, um dann oft wider solchen Rat zu entscheiden.
Sein rasches Handeln und Helfen, da wo es nötig war.

Er empfing den Verleger Helmut Küpper, der
ihm erklärte, er habe Massnahme getroffen zur Sanie-
rung seines Verlags. «Die Massnahme war ich», bemerkte er nachher lapidar. Seine Abneigung gegen
Widerspruch: das epische Gedicht «Europa» wollte er
in einer Zeitschrift veröffentlichen, wobei ihm vor-

schwebte, die einzelnen Abschnitte mit Abbildungen von Kunstwerken zu illustrieren, einem Bauwerk, einer Plastik, einer Landschaft von Corot, den er liebte; im Garten gehend fragte er, was ich davon hielte. Ich fand, ein Gedicht bedürfe keiner Bebilderung; ein Bild von Corot sei zu gut, um blosse Illustration zu sein. Missmutig ging er an meiner Seite ins Haus, sprach beim Mittagessen kein Wort, verzichtete dann auf den Plan, das Gedicht erschien ohne Abbildung.

Eine letzte Erinnerung. Von Bad Ems, wo ich den sterbenskranken Bildhauer Ludwig Thormaehlen besucht hatte, kam ich zur Berichterstattung nach Genf: wie Ludwig, vor Schmerzen kaum mehr dazu imstand – «Grandseigneur, der er war», fügte ich hinzu –, sich zum Weinvorrat in der Ecke des Spitalzimmers bückte, um mir eine Flasche vom eigenen Kreuznacher Rebberg zu schenken als Dank für meinen Besuch. Wie mir dabei bewusst gewesen sei, dass es beim Öffnen der Flasche heissen werde: «Ludwig – und nicht mehr Ludwig – und nimmermehr Ludwig!» Lang blieb Boehringer stumm, sagte dann: «Wir gehen jetzt in den Keller. Ich schenke Ihnen *auch* eine Flasche Wein.» So geschah es, er ging mir den Weg voran durch den Hof, im Keller durfte ich wählen, einen Bodenheimer köstlichen Jahrgangs. Fortan sandte er alljährlich zu Ostern und zu Weihnachten eine Kiste Wein.

Die sinnvolle Unterbringung von Thormaehlens bildhauerischem Nachlass, zumeist Bildnissen aus dem George-Kreis in Stein, Holz, Bronze, Ton, dazu der Porträtbüsten seines Schülers Victor Frank, wurde eines der Geschäfte, um die er sich kümmerte bis zuletzt. Er wandte sich an das ihm wohlvertraute Schiller-Nationalmuseum in Marbach am Neckar und finanzierte diesem nach seiner Regel «Do ut des» den Erwerb des Nachlasses Herbert Steiner. Dafür erwirkte er von den Verantwortlichen des Instituts, Wilhelm Hoffmann und Bernhard Zeller, die würdige Aufstellung der Büsten in einer Loggia über dem Schillersaal.

Sein letzter Brief, den ich von ihm erhielt, trägt das Datum 4. Juni 1974. Er lautete: «Für Ihr Pfingstgedenken danke ich Ihnen. ‹Nella morte rinasce la vita, l'una e l'altra in eternità.› Jeder muss seinen Tod leben. Herzlich der Ihre RB.»

CARL J. BURCKHARDT

Carl Jacob Burckhardt – erstmals trat sein Name mir entgegen, als ich noch ins Gymnasium ging, aus jener im Verlag der Bremer Presse 1926 erschienenen «Kleinasiatischen Reise», deren erster Satz schon so unwiderstehlich in Bann schlug: «Grosse traumhafte Helle umfing uns zum ersten Mal...» Bald danach, in Max Rychners «Neuer Schweizer Rundschau», war es die Erinnerung an zwei jung verstorbene Freunde, und dann, im Rucksack des Studenten durch das Bergell hinabgetragen, bei Castasegna an den ersten Reben, in Plurs am ersten Feigenbaum vorbei, ein kleines Büchlein nur, das Leben der Maria Theresia. Die Landesmutter und Kaiserin, um sie das unwiederbringliche Wien, im Hintergrund noch der Prinz Eugen – da atmete man in Carl Buckhardts Luft. Später war es eine Rede über Erasmus, unvergesslich eine Stelle über die Inspiration zum «Lob der Torheit», und das Leidensbild des J. B. Micheli du Crest mit dem Zitat eines Bibelverses, den dieser während seiner jahrzehntelangen Haft auf der Aarburg für sich einmal niederschrieb: «Ich wandte mich und sahe, wie es unter der Sonne zugehet, dass zum Laufen nicht hilft schnell sein, zum Streit hilft nicht stark sein, zur Nahrung hilft nicht geschickt sein, zum Reichtum hilft nicht klug sein; dass einer angenehm sei, hilft nicht, dass er ein Ding wohl könne; sondern alles liegt es an der Zeit und dem Glück» (Prediger 9, Vers 11).

Da empfing man denn immer beides, Stoff zum Nachdenken und solchen zum Anschaun; nachdenklich und anschaubar ist alles, was man von Carl Burckhardt liest. Ein Satz hier noch aus dem «Honnête Homme»: «Gehaltenheit, Proportion, Gleichgewicht, savoir faire und savoir vivre, all das in Einheit und Gesetzlichkeit, verhaltene Leidenschaft ohne Emphase, nach dem Heroischen hin gerichtet, das Heroische aber nur denkbar, wenn es sich im Schönen offenbart, und all dies ausgewogen erscheint in völliger ‹Desinvoltura›».

Endlich der grosse epische Wurf, ein Buch randvoll an Einsicht, Wissen, Erfahrung, im Vorgang oft antithetisch, dramatisch und flackend, aber auch zuversichtlich und stark, in reicher, geheimnisbunt fliessender Sprache gesagt: «Richelieu. Der Aufstieg zur Macht.» Französisches, aber auch wieviel anderes, italienisches, englisches, deutsches Wesen ist darin erfasst, wird uns daraus fassbar!

Immer neu empfing man so die Wirkung von Gestalten und Mächten; in den «Begegnungen» und «Bildnissen» auch, in der «Danziger Mission», jenem so historisch-aktuellen gespenstischen Totentanz, und im Briefwechsel mit Hofmannsthal. Manchmal war es nur ein Zeitungsblatt, in dem eine Zeile von ihm einen fesselte, wie man es vielleicht von Valéry kannte, eine Besprechung, ein Nachruf, ein Gedanke, der sich in der Seele festhakte und darin blieb: «Ein Geheimnis der Lebenskunst besteht in der Fähigkeit, Duldung oder Verzeihung für grosse Vorzüge, angeborene Gaben und günstige Umstände zu finden.»

Zum andern waren es mündliche Zeugnisse, die dem Sammler all seines Geschriebenen Burckhardts so besondere Erscheinung vermittelten, etwa vom ehemaligen Lehrer Werner Zuberbühler in Glarisegg oder vom Oheim, dem Bruder seiner Mutter, Paul Schazmann, Ausgräber und vertraute Gestalt in den archäologischen Instituten Istanbuls und Roms, der mit kritisch-familiärer Nachsicht vom berühmteren Neffen sprach, während gleichzeitig Ludwig Curtius seiner Bewunderung und Zuneigung fast schwärmerisch Ausdruck gab. Auch Wölfflin gehörte zu denen, die, wenn das Gespräch auf die Übernahme politischer Aufgaben durch Burckhardt kam («sollte er nicht lieber schreiben?»), ihn mit verhaltener Wärme verteidigten.

Das Bedürfnis, mehr über Hofmannsthal zu erfahren (noch waren die Schriften über ihn und der Briefwechsel mit ihm nicht erschienen), war es schliesslich, was die Brücke zur ersten persönlichen Begegnung mit Burckhardt schlug. Er war damals als Mitglied des Internationalen Komitees vom Roten Kreuz mit schier unlösbaren Aufgaben an der Seite Max Hubers betraut. Im Haus eines gemeinsamen Freundes in Genf fand der Abend statt; hinter seiner jugendlichen Gattin betrat er den Raum, der Ausdruck seiner Augen war tiefer Ernst. Das hing mit dem Kriege zusammen, doch nicht allein; ein Hauch von Schwermut wohnte sichtlich von früh auf wohl für immer darin. Erst später sollte ich lernen, über wieviel Schalk und Schabernack der Basler gleichfalls von Kind auf gebot.

Nach dem Essen traten wir ans Fenster und schauten über das nächtliche Lichtermeer der Stadt. Mir schien dieser Augenblick seit Jahrzehnten aufgespart, so ging ich mit Fragen, die mir am Herzen lagen, ohne Umschweife auf ihn zu. Unter anderem fragte ich: «Litt Hofmannsthal am Untergang Österreichs?» Ohne Verwunderung kam die Antwort: «Damit wurde er fertig. An *dem* aber trug er bis zuletzt», und er zeigte mit der Hand ins Nebenzimmer, wo am Fensterpfeiler ein Bild von George hing.

Nach seiner Rückkehr aus Paris, wo er unser erster Gesandter nach dem Kriege gewesen ist, bezog Burckhardt den Reding'schen Landsitz La Bâtie in Vinzel über Rolle, von dem aus man über Rebhänge und den Spiegel des Genfersees zum Montblanc und weitum in den Himmel sieht, eine Westschweizer Campagne aus der Zeit des Sonnenkönigs, ein hochfenstriger Raum an den andern gereiht. Bei aller verschwenderischen Schönheit dieser Landschaft fühlt man sich in bezug auf Burckhardt aber an den Ausspruch des doch so andersartigen Karl Wolfskehl erinnert: «Menschen sind meine Landschaft!» Von Menschen erzählt er, wenn er nicht lieber zuhören mag, fast allezeit. In Menschen liest er Geschichte, die Grossen und die Geringen misst er an ihr; aus Vorder- und Hintergründigem malt er, einer tiefern Wahrheit zuliebe Wirklichkeit mit Dichtung verschmelzend, das meisterhafte Porträt. Er setzt Akzente, Strahlendes, Lächriges, Trübes, mischt Anekdoten, Episoden, Deutung hinein. Er weiss um den Dämon im Menschen und hinter ihm, sieht die Figuren auf ihrer Bühne agieren wie auf dem Salzburger Domplatz den Jedermann. Aller Hergang, von ihm erzählt, enthält eine Schürzung und Lösung des Knotens, am Schluss ist entspannendes Lächeln der Dank. Die Toten und die Lebenden auf ihrer Stufenleiter, sie sind in La Bâtie willkommen, steigen auf und ab, geniessen Gastrecht und kehren wieder, Karl der Fünfte, Grillparzer und Desmoulins, Annette Kolb und de Lattre de Tassigny, der Basler Naturkundelehrer und die Schulkameraden von Glarisegg, der Staatspräsident und Laura die Enkelin – «und sind unzählig viele?»

Einmal brachte ich meine damals achtjährige Tochter mit. Während eines Spaziergangs der Hausgenossen am Sonntagvormittag behielt er das Kind bei sich, setzte sich mit ihm in einen Winkel des Gartens und erzählte ihm Märchen, anderthalb Stunden lang; ob eigene, ob von Hauff, Andersen, Grimm, oder ob es eine Burckhardt'sche Synthese war, wussten wir nicht, sahen bei unserer Rückkehr nur, dass das kleine Mädchen völlig verzaubert war.

Oder man spaziert mit ihm selbst hinüber zum stillen Rebbergkirchlein von Luins, setzt sich in der gewölbten Kühle drin auf eine Bank und spricht von Burgund und von Griechenland, von Erlebnissen, von Menschen und Dingen der Nähe, bis jene köstliche wortlose Übereinstimmung aufblüht, wie Burckhardt sie unvergleichlich zu schaffen versteht. Zu den Mahlzeiten kommt Besuch aus der Nachbarschaft, in der es Weingutsbesitzer und von auswärts Angesiedelte gibt, welche in der Konversation dann jeweils für die kühnste Lösung sind. Der Hausherr, indem er zuhört, macht sein scheinbar zerstreutes Gesicht, das so sehr über seine völlige Präsenz und Ubiquität hinwegtäuscht – er, der hernach jederzeit jedes Gespräch in jeglicher Nuance wie keiner wiederzugeben weiss.

Vielen gilt er als der letzte Europäer, und gewiss scheint, dass er unwiederholbar ist. Hofmannsthal war sein Freund, der am jungen Mann die Verbindung von Denken und Tun mit all ihren Möglichkeiten und seinen die Geschichte hellseherisch anwendenden Tatsachensinn pries.

Es ist schwer, über Burckhardt zu schreiben, denn alles, was zu äussern wäre, hat er selbst in den autobiographischen Kapiteln seiner Schriften unnachahmlich gesagt, seine Kindheit am Münsterplatz überm Rhein und auf dem Schönenberg, seine Schuljahre fast gegenüber der Reichenau, seine Lehr- und Wanderjahre und alles, was er seither bewirkte und was ihm seither geschah; er hat nicht nur gedacht und gelehrt, gehandelt und geduldig verhandelt, er hat es auch aufgeschrieben in seiner schräg fliessenden schlanken Schrift, und er hat zahllose Leser gefunden, in Deutschland mehr noch als in der Schweiz, und vielenorts in der Welt. Europa und unserem Jahrhundert gehört Carl Burckhardt «mit Haut und Haaren» an, und wenn einer, so macht er es sich klar: wohin auch je die ehernen Gewichte sich verlagern, wir werden hier und jetzt gewogen und befunden, nach unserer Hilfsbereitschaft, nach unserem Einsatz, nach unserem Tagwerk, das heute so fragwürdig geworden ist. Schon im Ersten Weltkrieg hat Hofmannsthal, in einem Brief an Eberhard Bodenhausen, die Frage nach dem Sinn künstlerischer Hervorbringung in solchen Zeitläufen gestellt: «...in dieser Welt», schrieb er, «in diesem Durcheinandersturz des Ganzen, ist es nicht, als wenn ein Singvogel irgendwo am Fenster eines engen Hinterhofes hängend, singt und singt, indes schon das ganze Haus in Flammen steht?» Und doch – sagt er – sei immer so, aus Höllen des Mordens und Brennens, das Schöne entstanden, glorreich wie die Sonne.

Carl Burckhardt hat diese Frage nach dem Sinn produktiven Arbeitens als Historiker zu beantworten gesucht. Bei «Wiederaufnahme einer alten Arbeit», nämlich derjenigen über Richelieu, fragt er sich, was eine Gestalt wie diese uns Heutigen überhaupt noch bedeuten könne, da wir doch ausgeliefert seien an Auseinandersetzungen zwischen zwei Weltmächten, die ausserhalb unseres angestammten Gesichtskreises liegen – in einer Zeit, da Europa nur noch befürchte und erleide und die einstigen grossen Akteure des europäischen Trauerspiels uns entwertet und wie abgespielt erscheinen. Wie, fragt Burckhardt, ist unter diesen Voraussetzungen die Spannung zu gewinnen, die es möglich und sinnvoll macht, eine uns längst entrückte Figur aus dem 17. Jahrhundert noch einmal heraufzubeschwören? Er empfindet Unlust, Verdrossenheit, bis er sich ermutigt fühlt, Richelieu einem seiner Zeitgenossen gegenüberzustellen, Wallenstein, dem Herzog von Friedland. Daraus nun gewinnt er den Blick auf zwei Verkörperungen entgegengesetztester Wesensart. Wie durch eine Mauer brechen die beiden aus dem Kerker ihres Zeitalters heraus, «berufen, menschliches Ergehen innerhalb des grossen Schauplatzes, in den wir gestellt sind, zu bewegen und zu bestimmen».

Aus dem dramatischen Gegensatz zwischen grossen, immer einsamen Figuren, hier zwischen dem cartesianischen Kardinal und dem sterngläubigen deutschen Sucher, erkennt und zeigt er die Spannungen auf, wie sie zwischen Nationen bestehen, «innerhalb einer Gegensätzlichkeit, die, letzten Endes, auch immer wieder schöpferisch geworden ist.»

Aus dem Individuum, aus dem Menschen also gewinnt Carl Burckhardt den Impuls zu seinem Schaffen, aus dem einzelnen menschlichen Leben, wie sehr auch jedes von ihnen nur Bruchstück sei und Entwurf.

Vom Menschen her und auf den Menschen hin scheint es ihm allein noch sinnvoll, Geschichte zu treiben. Seine Herkunft aus einem Stadtstaat tut sich darin kund, einer Cité, wie Fustel de Coulanges sie meisterhaft dargestellt hat, einem eng umgrenzten menschlichen Bezirk, innerhalb dessen das «Näheverhältnis der Stadtbewohner» herrscht: kritisch, oft erbarmungslos stehen sie einander gegenüber, vieles wissend, mehr noch verschweigend, und sind doch erfüllt von einer gemeinsamen Liebe zur Stadt, aus der jeder stammt. «Sie steigen aus altem Grund», heisst es einmal bei ihm.

Wie sehr Carl Burckhardt Historiker und Künstler zugleich ist, lehrt ein kurzer Blick in seine Werkstatt, den er uns unversehens einmal gegönnt hat. Im grossen dokumentierten Werk über seine «Danziger Mission» findet sich auf Seite 336 eine Schilderung des polnischen Diplomaten Tadeusz Perkowski, der im Frühsommer 1939 durch einen unglücklichen Kugelwechsel zwischen seinem Fahrer und SA-Leuten jäh ins Rampenlicht einer ungeheuerlichen Polemik geraten war. Der Abschnitt über den Mann und über diesen Vorfall ist sachlich, knapp, vollständig, 25 Zeilen lang. In den «Begegnungen» nun findet sich unter einem Decknamen die Würdigung desselben polnischen Beamten, die das wohl einzige Denkmal für diesen Märtyrer des Zweiten Weltkrieges geworden ist und darüber hinaus ein Hohelied auf das noble sterbende Polen – in einem Ton, an dem wir den Verfasser der «Kleinasiatischen Reise» und des Lebensbildes von Carl J. Burckhardts unvergessenem Vater Carl Christoph Burckhardt wiedererkennen, so gut wie den hernach auf hoffnungslosem Posten sich bewährenden Staatsmann und Menschenfreund. Auf diesen Seiten erwahrt sich Carl Burckhardts Kunst, von jener Art, die Hofmannsthal in seinem Aufsatz über Jean Paul umschrieben hat: «Das Nahe so fern zu machen und das Ferne so nah, dass unser Herz sie beide fassen könne.»

HEINRICH WÖLFFLIN

In Goethes Maximen und Reflexionen aus dem Nachlass findet sich das Gleichnis vom leierspielenden Orpheus, bei dessen Tönen sich die Felsen aus ihrer massenhaften Ganzheit lösen, um ihn herum sich zum geräumigen Marktplatz gruppieren und in rhythmischen Schichten und Wänden ordnen. Wörtlich heisst es weiter: «Die Töne verhallen, aber die Harmonie bleibt. Die Bürger einer solchen Stadt wandeln und weben zwischen ewigen Melodien; der Geist kann nicht sinken, die Tätigkeit nicht einschlafen, das Auge übernimmt Funktion, Gebühr und Pflicht des Ohres, und die Bürger am gemeinsten Tage fühlen sich in einem ideellen Zustand...»

Die Umschreibung gilt in mancher Hinsicht auch für die Situation in Deutschland nach Goethes Tod. Die Töne waren verhallt, das Auge übernahm Funktion, Gebühr und Pflicht des Ohres. Daran erinnere ich mich, wenn ich Wölfflins gedenke. Ein Freund hat von ihm berichtet, wie er die Forderung des Tages aufgefasst haben wollte: «Dass ein einziger Tag richtig gelebt werde vom Morgen bis zum Abend, mit allem, was dazu gehört, Arbeit, Gang und Lektüre, Essen und Gespräch, dass dabei, was in meiner Anlage ist und aus Kulturellem dazu erworben wurde, zu seinem Rechte kommt, das ist das Ziel!» Dies könnte Eckermann aufgeschrieben haben.

Zur Richtigkeit des Lebens aber gehörte bei ihm der Rahmen. Wer ihn in Zürich gesehen hat, wurde sich der Verwandtschaft zwischen ihm und dem Haus am Talacker, in dem er eine Etage bewohnte, bewusst – ein Bau aus dem letzten Jahrhundert; als man Goethes achtzigsten Geburtstag feierte, waren eben die letzten Hammerschläge getan. In seine gelassen schöne Erinnerung an Zürich hat Wölfflin die Stätte seiner Wahl miteinbezogen: «Kristallhart und kristallklar steht das Haus als scharfbegrenzter weisser Kubus da. Alles ist in geraden Linien oder (seltener) im Halbkreisbogen gezeichnet. Lauter sinnfällige, messbare, bleibende Verhältnisse. Nichts ist auf den Eindruck der Bewegung oder der Veränderung hin angelegt.» Dennoch hat es sein sollen, dass das Haus zum Sihlgarten – so lautete sein Name, da sich der Garten anfänglich bis zur Sihl erstreckt haben mag – seinen Bewohner nicht lang überlebte.

Durch Jahre hatte sich, vor seiner Rückkehr aus München, die Suche nach der neuen Bleibe hingezogen. «...das Haus müsste ein Haus sein, das selber schon eine Geschichte hat. Es geht doch nichts über alte Fenster und alte Zimmer», schrieb er im Mai 1919 an eine ihm nahestehende Verwandte, Frau Anna Bühler-Koller in Winterthur, mit welcher er einen für Wölfflin ungewöhnlich offenen, ausgiebigen

Briefwechsel unterhielt. Fast neidvoll wird der Name Rilkes nach dessen Aufenthalt auf Schloss Berg am Irchel aufgerufen: «Wie ist denn der dahin gekommen?» und halb antikisch gelassen, halb resigniert bekennt er, was er sich wünscht: «Die bescheidnen Freuden, auf die mein Leben schliesslich hinausgeht, wären das eigne Dach, der eigne Baum, der eigne Hund» (8. Januar 1921). Endlich, nach mehreren Fehlschlägen, war es gefunden, etwas, «das hübsch und vor allem nicht trivial ist. Haus von 1830, weiss, vornehm, freistehend» (24. April 1923).

Als der Einzug schliesslich getätigt war, sah er sich dem eigenen Bildnis, der Bronzebüste von Scharff gegenüber, die seine deutschen Freunde und Schüler ihm zum Abschied gestiftet hatten «und die ganz auf das Bedeutende und Aktive hin gearbeitet ist». Sie sah ihn an wie seine Vergangenheit. «...ich komme mir vor wie der Reiter vom Bodensee, der einen gefährlichen Ritt hinter sich hat –, jetzt fühle ich mich geborgen vor den Ansprüchen der akademischen Welt und kann ganz für mich und die grössere nicht-akademische Welt leben. Faulenzen möchte ich nicht, ich hoffe sogar auf eine erhöhte Produktion, aber eben in einem andern Sinne ... die Fachbibliothek ist abgesondert in einem Nebenzimmer aufgestellt und im eigentlichen Studio sind nur noch die Bücher vorhanden, die für mich etwas Lebendiges bedeuten» (10. April 1924). Bald aber, aus Anlass seines sechzigsten Geburtstages, der alte sarkastische Ton: «‹Höhe des Lebens erreicht, Befriedigung, Glückssättigung, wie viele huldigen!› ... seltsamer Widerspruch! der Gefeierte spürt davon gar nichts, er hört nur Worte und diese Worte machen die Einsamkeit ringsum nur doppelt fühlbar» (23.Juni 1924).

Im gleichen Jahr schreibt er über Jacob Burckhardt, dessen Persönlichkeit «in ihrer feinern Struktur» er sich deutlich macht: «Er hat es zu einer wundervollen Ausgleichung im Leben gebracht und darf entschieden zu den glücklichen Menschen gezählt werden, obwohl er doch auf vieles verzichten musste. Was ihm dabei half, ist die Vorstellung, dass die Welt voll sei von Furchtbarem (‹wir wandeln über Abgründe›) und dass man schon froh sein müsse, nur leidlich durchzukommen.» Mit grimmiger Heiterkeit glossiert er ein Gastsemester in München, das ihn noch einmal aus dem Haus zum Sihlgarten treibt: «‹Auf vielseitiges Verlangen, allerletztes Auftreten des berühmten Schwindlers usw.›... Manche bewundern die Elastizität, dass man eine bequeme Wohnung ohne weiteres eintauscht gegen eine windige Hotelexistenz ohne Schreibtisch, ohne Bibliothek und dgln.; wer tiefer blickt, würde sehn, dass es nicht Idealismus ist, der micht treibt, sondern nur die ewige Unrast dessen, der nirgends eine Heimat hat ... der vor der Welt anders erscheint als er ist» (Sils-Baselgia, 12.August 1926).

Das Klassisch-Klare der Wölfflinbücher, deren Prosa die Ruhe tiefen Atmens ausströmt, war einem Menschen abgefordert, der eingestandenermassen wenig Wärme gab, aber viel Wärme brauchte, der mit siebzig Jahren fast anklagend bemerken konnte, niemand habe ihn auf dem Gang angesprochen – als ob sich einer dessen unterstanden hätte! – und dem die Erklärung von Goethes Vollendung als aus der Entsagung stammend am tiefsten eingeleuchtet hat.

In seiner persönlichen Lebensführung war Wölfflin unentschieden, wechsel- und widerspruchsvoll. Vielleicht lag darin sogar ein Schlüssel für das Geheimnis seiner Wirkung im Hörsaal, die er selbst nicht geringer einschätzte als die seiner Bücher. Er brauchte immer, so ist gesagt worden, «etwas für die Phantasie». Sich selber stand er, auch darin Erbe Jacob Burckhardts, ohne Illusion gegenüber; fast meint man diesen zu hören, wenn Wölfflin aus Sils vom «grandiosen Optimismus» Nietzsches schreibt, und die sarkastische Schroffheit, mit der er andern begegnen konnte und über die zahllose Anekdoten umgingen – gern machte er auf seine Abstammung von einem Scharfrichter aufmerksam – wurde nur übertroffen durch die Genauigkeit seines Blickes auf sich selbst. Als er aufgefordert wurde, einen «Rembrandt» zu schreiben, versagte er sich: «Wenn man erfahren hat, wie schwer es ist, von Mitlebenden und Eingeweihten auch nur einigermassen richtig verstanden zu werden, so hat es etwas Groteskes zu glauben, dass der Holländer Rembrandt aus dem 17.Jahrhundert von Heinrich Wölfflin aus Winterthur, wohnhaft z. Waldhof, gedeutet werden könne. Ausserdem empfinde ich es als unangenehme Anbiederung und unangebrachte Kollegialität, wenn sich unsereiner an so einen Grossen heran macht. Ich werde nie über Personen schreiben, sondern nur über Sachlichkeiten. Darum ist mir die Naturwissenschaft so sympathisch» (Zürich, 29.Januar 1925). –

Mit einer Vorlesung über Natur und Kunst hat Wölfflin seine Lehrtätigkeit in Zürich beschlossen. Wie Tropfen, zögernd und fest zugleich, fielen die letzten Worte seiner Rede in das Dunkel der Hörerschaft. Ohne ersichtliche Rührung legte er den Bambus, mit dem er die Lichtbilder herbeizuklopfen und etwa einem Profil, einem Bogen, einer Linie auf der Leinwand nachzufahren pflegte, auf das Katheder und wandte sich, wie immer aufrecht und gemessen, dem Ausgang zu. Nach langer Abschiedsovation entschritt er dem Hörsaal, nach Tausenden von Malen zum letzten Mal.

Dieser Spätnachmittag kam mir in den Sinn, als ich nach Jahren, im Kriegsherbst 1940, mich zu gleicher Stunde zu einem Besuch bei ihm anschickte, zu dem ein Freund mich mit den Worten aus dem «Rosenkavalier» ermuntert hatte: «das freut den alten Mann». Ich ging durch das Gartentor am Talacker, liess mich von dem kleinen Namensschild mit Pfeil an die Rückseite des Hauses weisen, wo sich der Eingang zur Wohnung im zweiten Stockwerk befand, stieg durch ein Treppenhaus von etwas kühler Würde hoch und stand schliesslich in dem weltmännischen Gelehrtenzimmer mit der Tiziankopie, wo der Weisshaarige, mir abgekehrt, am sarkophagähnlichen Schreibtisch sass. Umwendend erhob er sich zu ragender Grösse, zeigte mit flacher Hand auf einen Sessel und fragte trocken: «Sie kommen von Rom?» Geheimrätlichprofessoral stand er da, hoch und kraftvoll gesund, ein alter Schweizer von Hodler, so dass man sich heimlich fragte, wo sich der Funke barg, der Werke von so hohem Ruhm entzündet hatte. Da ich tatsächlich gekommen war, um ihm von Rom zu erzählen, sprang ich ins Reden wie man ins Wasser springt, und siehe, es trug. Das Deutsche Archäologische Institut, in dem ich gearbeitet hatte, weckte seine Aufmerksamkeit, er selber war, zu seiner Zeit noch auf dem Kapitol, dort ein- und ausgegangen; damals, berichtete er, sei noch die Erinnerung an Mommsen wachgewesen, der als Student nach fröhlich durchzechter Nacht auf den Marmorlöwen der kapitolinischen Treppe geritten war. Dann, auf meine Studien eingehend, sprach er von den Architekten, die sich mit Kunstgeschichte beschäftigen: wie sie anfangs den gewöhnlichen Kunsthistorikern gegenüber im Vorteil wären kraft ihrer exakteren Schulung, daher meist gut begännen, hernach indessen leicht an einen toten Punkt gerieten, von dem man sie so bald nicht weiter brächte. Daraus entstand eine Unterhaltung über Forschertypen des Faches; es gebe, meinte er, wie in der geographischen Wissenschaft deren zwei; der eine unternehme die strapaziöse Fahrt in ferne Länder, besorge dort die topographische Bestandesaufnahme, um die weissen Flecken auf der Landkarte vermindern zu helfen; der andere bleibe zuhause am Schreibtisch und gewinne, über den Atlas gebeugt, Erkenntnis und Übersicht.

Im Treppenhaus, wohin er mich am Schluss geleitete, flackerte das Gespräch noch einmal auf, da ich ihm mein bevorstehendes Einrücken zum Grenzdienst mitteilte. Er fragte nach dem Verhältnis zwischen Mannschaft und Offizier: ob sie auch manchmal zusammen ässen, ob Gehorsamsverweigerung vorkäme und dergleichen mehr. Ich beschrieb, wie der Umgang mit den Soldaten, die Vermischung der Schichten, gemeinsame Spannung und Abspannung zwar ein Erlebnis bedeute, wie es sich aber durch das allzulange Verharren in passiver Bereitschaft verbrauche. «Die Freude stumpft ab», schloss ich, worauf er, gross im Türrahmen stehend, rasch fragend erwiderte: «Aber doch nicht die Liebe zum Vaterland?»

Wegen einer langen Abwesenheit von Zürich verging, bis ich ihn wiedersah, mehr als ein Jahr. Er stellte eine wohlmeinende Barschheit zur Schau: «Haben Sie eine Weltreise gemacht oder Ihre gesammelten

Werke geschrieben?» Er erzählte, dass er kürzlich, in seiner Bibliothek stöbernd, das Buch «Erlebtes Leben» von Rudolf G. Binding hervorgezogen und sich dabei erinnert habe, wie Binding vor Jahren zu einem Vortragsabend in der Universität nach Zürich gekommen sei. An der Tür zum Auditorium habe er ihn getroffen und Binding, sichtlich erfreut, ihn aufgefordert, er – Wölfflin – solle ihn doch am Zürichberg, wo er bei Professor Fleiner abgestiegen sei, besuchen kommen. «Aber wie man so gewesen ist: ich habe gefunden, der andere könnte ebensogut zu mir kommen, ich bin nicht hingegangen, Binding ist wieder abgereist, bald darauf gestorben, und jetzt tut's mir leid.»

Ein anderes Mal bringe ich ein Heft Aufzeichnungen mit, Begegnungen mit Stefan George, von denen ich ihm gesprochen und die er zu hören gewünscht hatte. «Aha, Memoiren an George!» sagt er ernsthaft, «ich bin ganz Ohr.» Er ist es in der Tat, wie er, während ich lese, mir gegenüber schräg am Schreibtisch sitzt, das rechte Ohr mir zugewandt, den Ellbogen auf der Tischplatte, die Hand an die Wange gestützt, gerade vor sich hinsehend, ein unbewegliches Profil. Im Lesen merke ich, wie kritisch ich in diesem Zimmer und vor diesem Mann die eigenen Worte höre. Es ist, als ob die Anwesenheit des reglosen Hörers die Schwingung erschwere. Nachdem ich geendet, bleibt es eine Zeitlang still, dann wendet er sich zu mir: «Das war jetzt eine gute Vormittagsstunde. Zu dergleichen eignet sich diese Zeit doch besser als die nach dem schwarzen Kaffee.» Dann, nach einigem Nachdenken: «Sie geben mehr Atmosphäre als eigentliche Dicta. Hat er keine Lebensweisheit von sich gegeben?» und, als ich fragend dreinschaue, «ich meine, wurden keine Gespräche über grosse Gegenstände geführt?» – «Mit mir jedenfalls nicht», sage ich, «ausser über Gedichte. Wichtig war das Lesen von Gedichten.» – «Neu ist mir das Bild des alten Dichters mit weissem Haar. Die allgemeine Vorstellung war doch die des dunklen, fast südländischen George, so habe ich ihn vor langer Zeit einmal in München gesehen. Meinen Sie nicht auch, dass dies das Bild ist, das von ihm zirkuliert?» Dann fragt er nach des Dichters letzter Krankheit. Ich berichte, wie er in Heiden im September 1933, wenige Monate vor seinem Tod, so viel älter erschienen sei. Auch habe man sich des Gefühls nicht erwehren können, er betrachte seinen Lebenskreis als geschlossen. Wölfflin bestätigt, dies auch von anderer Seite gehört zu haben, George habe gefunden: ich bin fertig; das sei etwas Schönes, wenn man so sein Leben als abgeschlossen betrachten könne. Ob George arm oder in guten Verhältnissen gelebt habe? Ich sage: «So einfach, wie sich das wohl niemand vorstellt.» – «Aber er brauchte nicht den billigsten Wein zu trinken, wenn er sich einen bessern kaufen wollte?» – «Auf Wein», gebe ich zurück, «verstand er sich jedenfalls.» Darauf erwähnt Wölfflin die Episode, die ihm Robert Boehringer erzählt haben wird, wie George mit Freunden an einem heissen Vormittag Wein kaufen ging und einen in den Laden schickte. Als der mit dem Fiasco wieder kam, habe der Dichter zu seinen beiden Begleitern gesagt: «Stellt euch mal davor, ich nehm schnell einen Schluck», ein assez d'être, das Wölfflin zu beeindrucken schien.

Gerne erging er sich so in Gespräche über bedeutende Menschen – Ricarda Huch kam wiederholt darin vor –, hörte und erzählte Geschichten, mit Vorliebe solche, wo das Erhabene sich mit Skurrilem mischte, auch einer sehr verhaltenen Rührung wich er nicht aus. Fachsimpelei hielt er weit von sich, sofern sie nicht Arbeiten oder Studien seines Besuchers betraf, nach denen er sich erkundigte. Auch über die Wirkung seiner eigenen Bücher liess er sich berichten, etwa wie man in Amerika jetzt die «Grundbegriffe» lese, sprach einmal auch davon, dass er seine heutige Stellungnahme zum Problem der Grundbegriffe niederschreibe. Die Frage, ob diese bald erscheinen werde, verneint er: «Ich habe gerne etwas unter der Hand, an dem ich weiterarbeiten kann. Auch hat mir der Vertreter von Bruckmann gesagt, verlegerisch sei es nicht ungünstig, wenn das Werk erst postum erscheine.»

Immer erst, wenn man wieder draussen vor dem Gittertor stand, dem Getriebe zurückgegeben, stieg einem auf, wie auch das scheinbar Alltägliche, das da gesprochen worden oder im Schweigen verblieben war, seine Verwurzelung hatte im Allgemeingültigen.

Die Beziehungen zum Bedeutenden, Rührenden und Skurrilen insgesamt wurden besonders fühlbar, als ich einmal im Sihlgarten vorgelassen wurde, während just der Physiker Planck mit seiner Gattin bei ihm war. Auf den Abend war ein Vortrag des berühmten Mannes über «Sinn und Grenzen der exakten Wissenschaften» angekündigt. Er übermittelte den Gruss eines Berliner Kollegen, und auf Wölfflins Erkundigung nach dessen Ergehen antwortete er mit wegwerfender Handbewegung: «Ist ein alter Mann geworden!» Er sagt es schon stehend, der Fünfundachtziger zum Achtziger, und wie sie einander gegenüberstehen, der hochragende Schweizer mit langem Kopf, geröteten Wangen und kurzem Bärtchen, und der kleinere, feine Deutsche mit kuppeliger Stirn, die Augen hinter schmalgefasster Brille, sprach allein die Gegenwart der beiden Greise, jeder in der ungeheuren Auflösung der Zeit wie getragen vom Boden eines überdauernden Werks. Mögen Tragweite und Beschaffenheit ihrer Lebensleistungen noch so verschieden sein, war doch exakte Wissenschaft das Anliegen beider, auch Wölfflins, der oft genug unmutig sein eigenes Fach als nicht vollwertig empfand und die Tatsache, dass er mit einer architektonischen Arbeit angefangen hatte, mit dem Bedürfnis nach Präzision begründete. Nachdem Wölfflin das Ehepaar zur Treppe geleitet hatte, sagte er ins Zimmer zurückkehrend mit der ihm eigenen Direktheit: «Es ist ein merkwürdiges Gefühl, beim Abschied von einem Menschen zu wissen, dass man ihm die Hand zum letzten Male reicht.»

Das nächstemal zeigte er beim Weggehen in der Garderobe auf einen Regenschirm: Planck hatte versehentlich Wölfflins Schirm mit sich genommen und seinen eigenen, abgenützteren, gezeichnet MP, stehen lassen. Planck habe ihm dann geschrieben, der Regenschirm, der in Zürich sei, habe den bessern Teil eben hinter sich. Übrigens hätten sie bei ihrer Rückkehr das Heim in Berlin von Bomben stark beschädigt vorgefunden und lebten nun auf dem Land. –

Die Erinnerung an die letzten Besuche ist wehmütig und trübe getönt. Nicht nur hatten sie immer noch den Krieg zum düstern Hintergrund und das dem Untergang zutreibende Deutschland – beides beschäftigte ihn, seine eigenen Altersleiden hinterliessen ihre Spuren und veränderten sein Aussehen, er verlor von seiner früheren Stattlichkeit. Ein neuralgisches Augenleiden traf ihn, den Augenmenschen, besonders empfindlich; darüber sprach er ausführlich, wie jeder Arzt es anders behandle, wie Professor Vogt, den er zu Anfang konsultiert, ihm erklärt habe, dagegen könne man nichts machen, Leute hätten sich deswegen schon das Leben genommen. Vogt sei nun allerdings vor ihm gestorben.

Man konnte ihn noch in der Veranda über alten Stichen sitzend finden. Auf seinen achtzigsten Geburtstag am 21. Juni 1944 vermochte er sich kaum mehr zu freuen. Da ich von einer ihm befreundeten Familie der Stadt Grüsse bringe, erinnert er sich, wie seinerzeit die eine Tochter mit vier Jahren ein langes Gedicht zu seinem Willkomm in Zürich aufgesagt, ein allerliebstes Kind. Dann, mit nachdenklichem Bedauern: «Schade, damals hat man gemeint, das gäbe einen Umgang, es ist nichts daraus geworden, und so ist's mir mit mehreren Familien gegangen, man ist einsam geblieben, die Zürcher sind so, sie haben nicht das Gesellig-Verbindende.»

Dies war das letzte Mal, dass ich ihn sah. Am 19. Juli 1945 wurde er von den Leiden seiner hohen Jahre befreit. Mit ihm verschwand ein Mann, dessen Ton wohl allen, die ihn je gehört, zeitlebens im Ohr haften wird. Im Auge bleibt ihnen Gebärde und Gang, im Gedächtnis das Mass, das er sich und andern auferlegte.

OSKAR REINHART

Tout le monde m'avait parlé de cette merveilleuse collection mais elle parle par soi-même cent fois plus fort que tout le monde...

PAUL VALÉRY am 20. September 1935 in das Rychenberger Gästebuch von Werner Reinhart

Drei Gesichter habe ich an Oskar Reinhart wahrgenommen. Die Welt kannte, selten genug, das Gesicht des monumentalen Mannes in Gesellschaft: gross, blockartig, verschlossen. Das hing mit seiner Scheu vor jedem Auftreten in der Öffentlichkeit zusammen, nichts verdross ihn mehr, als eine Rede zu halten – die aber, wenn es einmal dazukam, um so stärker ergriff. Dem Gesicht entsprach sein Unbehagen in der Menge, sein Schweigen gegenüber jenem Gönnerhaften, das gewisse Besucher seiner Sammlung ihm bisweilen bezeugen zu müssen glaubten – und das lange Gedächtnis, das er solchen Augenblicken bewahrte.

Das zweite Gesicht erschien im Gespräch. Dann war es heiter, gütig, ja weich, so wenn er von einer Katze, einem Kind, einer kranken Schutzbefohlenen erzählte. Offenheit kennzeichnete es, Echtheit, auch

Vorsicht, Zurückhaltung, untrügliches Gefühl für Qualität in allen Dingen der Kunst und des Lebens, zu denen Garten und Haus, Küche und Keller gehörten – Sinn für Humor, Blick für Situationen, wie sie ein Sammler im Umgang mit Kunsthändlern, Gelehrten und Publikum ständig erfährt, und sein Erzählenkönnen solcher Situationen. Oskar Reinhart war ein Meister der selbsterlebten Anekdote, der sich im kleinen Kreise Gleichgesinnter, am Kaminfeuer oder in dem von ihm geschaffenen Klubhaus «Zur Geduld» unerschöpflich bewährte, so wie er auch ein Künstler des Wortwitzes, der Sprachimitation und der Käuzchenrufe, des Aprilscherzes, des Optisch-Komischen war, der Gspässli, wie er sagte, etwa des unversehens Wasser speienden Löwen im Durchgang zu seinem Schwimmbad. Es konnte geschehen, dass man seine Sammlung besuchen kam, im Eingang des Hauses von einem Mann in Portiersmütze mit der Aufschrift «Römerholz» empfangen wurde und gleich danach denselben Mann in der Galerie nebenan als Hausherrn umhergehen sah, oder auch, dass ankommende Freunde sich im Dämmer der Halle einem Bärtigen in Mantel und Hut gegenüberfanden, der sich bei näherem Zusehen als eine drapierte Bronzebüste Albert Ankers erwies.

Leise, doppelt wirksam gab sich dieser Humor des schweren, hochgewachsenen Mannes. Es ging die Rede vom früheren französischen Ministerpräsidenten und grossen Europäers Robert Schuman; Reinhart hörte ernsthaft zu, bemerkte dann leichthin: «Daneben hat er auch ganz nett komponiert, Kinderszenen und so» – nur im Auge den Schalk verratend, wenn der Scherz mit einiger Verspätung bei den Zuhörern ankam. Ein anderes Mal wurde erwähnt, dass in Australien eine Briefmarke mit dem Bildnis der vor Jahrzehnten berühmten Sängerin Nellie Melba erschienen sein. Man fragte: «Hat sie das durch ihr Singen oder wegen der von Escoffier zu ihren Ehren geschaffenen Pêche Melba verdient?» Reinhart, ernst: «A cause de son timbre.»

Das dritte Gesicht kannten ganz nur die Bilder, denen er betrachtend entgegentrat. Dann spannte es sich in äusserster Konzentration, das Auge wurde wie Stahl, Begegnung geschah mit aller Intensität. Der Dialog zwischen Sammler und Bild ist jedesmal auch ein gegenseitiger Kampf um Bewährung; Bild und Betrachter stellen einander auf die Probe – ein Sieg, wenn sie wieder bestanden ist. «The whole man must move at once», Addisons Satz, den Hofmannsthal liebte und in seinem «Buch der Freunde» festhielt, in solchen Momenten scheinbarer Reglosigkeit traf er überraschend auf Reinhart zu.

Zu den Freuden seiner Gäste gehörte es, im Haus am Römerholz, im geräumigen Oberlichtbau der Galerie, mit ihm einen Rundgang durch seine Sammlung zu tun. «Gömmer no chly i d'Sammlig dure?»

pflegte er jedesmal mit seiner sanften, wie schonenden Stimme zu fragen. Man näherte sich nicht jedem Bild, an etlichen ging man vorüber, auf einige fiel nur ein Hinweis, ein erläuterndes, erinnerndes Wort. Vor andern aber verweilte man, lange stand man davor. Erst wer sich Zeit für ein Kunstwerk nimmt, erfährt etwas von seiner unausdeutbaren Gegenwart.

Ein Ereignis bedeutete es ihm, wenn, wie in einem späten Jahr seines Lebens aus England eine «Ophelia» von Delacroix, ein neues Kunstwerk in den Kreis der Sammlung trat. Es veränderte die Konstellation, wirkte auf die andern Bilder zurück. Jedes Gemälde hat sein Vorleben, seine Geschichte, es hat erlauchten Vorgängern gehört, weite Reisen, vielleicht Irrfahrten gemacht, Niederlage, Verkennung, triumphale Auferstehung erlebt. Der Sammler wusste jeden Lebenslauf, in guten Stunden erzählte er davon. Hinter den Bildern, die er zu erobern vermocht, stand unsichtbar die Reihe derer, die zu erwerben ihm nicht gelang, die er aus irgendwelchen Gründen ausliess, die er vermisste, betrauerte, deren Fehlen er nie ganz verwand.

Er zählte dazu Segantinis Mädchen am Brunnen, das dann in die Sammlung Fischbacher kam, vor allem aber ein Frauenbildnis von Degas, das jetzt im Louvre hängt. Es gab einen Reeder in Dänemark, der, aus durchaus ehrbaren Gründen, seine Sammlung veräussern musste, um zu Geld zu gelangen. Die

Kunsthändler hatten, um auf die Preise zu drücken, beschlossen, ihn ein wenig zappeln zu lassen, auch der Staat hatte sich, wohl in gleicher Absicht, zunächst desinteressiert. Im Gegensatz dazu stellte Reinhart sich sogleich ein und wurde vom Reeder dementsprechend freundlich empfangen, er durfte sich aussuchen, was er wollte; Bilder von Corot, Daumier, Renoir waren dabei. Reinharts Mittel waren aber nicht unbegrenzt, so liess er den Degas aus, ein Fehler – sagte er –, nie wieder gutzumachen. (In der Tat gibt es kein Ölbild von Degas am Römerholz.) Die Händler übrigens seien nachher wütend gewesen, auch der Staat habe die Verkäufe rückgängig zu machen versucht, der dankbare Reeder blieb fest.

Aus Dänemark war auch Die schöne Holländerin gekommen, Picassos Frauenakt mit der Haube, der im Oktober 1958 in London für Fr. 661 000.– unter den Hammer kam. Das Bild war Reinhart vor Jahrzehnten in Paris angeboten; noch sehe er, erzählte er, die hochgelegene Wohnung im Montmartre vor sich, wo er das Bild besichtigen ging. Der Preis betrug damals etwa Fr. 30 000.–; der Mann, ein ihm bekannter vormaliger Journalist, habe ihn zur Entscheidung drängen wollen, indem er darauf verwies, dass auch die Tate Gallery in London sich dafür interessiere. Die Erpressung habe ihn so erbost, dass er kehrtgemacht habe und die Treppe wieder hinuntergeklettert sei. Noch heute töne ihm das Rufen des durchs Treppenhaus flehenden Händlers im Ohr: «Um Gottes willen, Herr Reinhart, um Gottes willen!...» – er sei weiter hinabgestiegen, habe die Haustür zugeschlagen, und jetzt befinde sich das Bild eben anderswo. Dafür besass er das Porträt des Mateu de Soto aus der Blauen Periode, er hatte es für DM 8000.– bei Abels in Köln gekauft. Er hätte auch gern einen Braque gehabt, vor allem aber eine Skizze von Rubens, wie sie ihm erst in den letzten Jahren zu erwerben gelang. Er hat auch viel zurückgewiesen. Damit es ihm gefiel, musste ein Bild, wie er sich ausdrückte, «frei sein».

Kunstsammler sind Jäger, müssen mit Spürhund und Treiber dem Wild stets auf der Fährte sein. Geduld und ein genaues Gedächtnis braucht es dazu, jahrelanges Warten-, blitzschnelles Zugreifenkönnen, wenn die Stunde gekommen ist, Geld allein macht es nicht aus. Erforderlich ist die Vertrautheit mit den Werken, ihren Besitzverhältnissen und Standorten, die Voraussicht möglicher Entwicklung oder Veränderung, der Kontakt mit Händlern, Korrespondenten, Agenten in allen Metropolen, mit Sammlern, Kennern, Forschern, Museen, ein Überblick über die Galerien der Welt, klares Wissen dessen, was man begehrt, was man im Grunde des Herzens will. Nach Reinharts eigenem Zeugnis ist tägliches Arbeiten, Studium und Kenntnis der Kunstliteratur Voraussetzung, auch dafür, Unbekanntes, Verborgenes zu erspüren, Maler, die bisher im Schatten gestanden sind wie etwa der liebenswerte Genfer Dufaux, oder solche, die in Einzelleistungen den Meister erreichen, wie die Malerin Marie Weber-Philips. Dazu kommen als wichtigste Helfer die Kunsthändler; öffentlich hat Oskar Reinhart seine Dankbarkeit für die Aufbauarbeit von Dr. Fritz Nathan bekannt. Ein Unwägbares spielt schliesslich mit, das sich der Benennung entzieht und das erst dem Werk des berufenen Sammlers Gelingen beschert.

Die steile Kurve, die die Preise für Kunstwerke nach dem zweiten Weltkrieg genommen haben, bestätigt die Richtigkeit der Sammeltätigkeit, wie Oskar Reinhart sie «in günstigeren Zeiten», wie man heute gern zu sagen pflegt, durch Jahrzehnte hin ausgeübt. Es ist fraglich, ob, von anderm abgesehen, der Stand dieser Preise heute die Anlage einer Sammlung wie derjenigen am Römerholz überhaupt noch zuliesse; bei dem einen oder andern Krösus, der es allenfalls vermöchte, fehlen die Voraussetzungen, die, im Elternhaus mit dem Beispiel des Vaters beginnend, bei Oskar Reinhart so glücklich am Werk gewesen sind. Er selbst empfand das Schwindlige der heutigen Preise und das die Welt in Atem haltende Markttreiben um sie herum als stossend und hybrid. Noch ist kaum analysiert, was am Phänomen dieser Preise künstlich und was im Atom- und Düsenzeitalter mit seinem Umsturz der Wertverhältnisse daran zwangsläufig, ja natürlich ist, vielleicht sogar nötig, um dem Kunstwerk in einer von Grund auf veränderten Welt auch ganz äusserlich seinen Rang zu bewahren.

Wohl aber haben wir heute geschärftere Augen für das, was den Grundzug von Oskar Reinharts Kunstsammlung ausmacht: er heisst Harmonie. Sie ist nicht nur in den alten Meistern wirksam oder in Claude, Poussin, Chardin; sie ist auch nicht zufälliges Ergebnis einer bestimmten Anzahl von Bildern, die in sich harmonisch sind, sondern es ist die Harmonie des während eines Menschenalters bewusst errichteten Gebäudes, in dem das einzelne Bauglied vom Geiste des Ganzen lebt und das Ganze mehr ist als die Summe der Teile. (Das Bauen war denn auch eine Leidenschaft Oskar Reinharts, und seine kennerische Liebe erstreckte sich auf jegliches Kunsthandwerk, auf Keramik, Bronzen, Teppiche, Mobiliar und auf die Wahl der in die Räume passenden Blumen.) Es mag sein, dass mancher Besucher sein eigenes zerrissenes Selbst oder das Gesicht unserer Gegenwart in dieser Sammlung zu wenig gespiegelt sieht, dass ihm die Dissonanz, das Aufgewühlte, das Symptom der Auflösung fehlt. Falls er es sucht, ist er hier fehl am Ort, wo der Mut zum Schönen eine so zauberhafte Blüte getrieben hat. Niemals, in keiner Wüste der Zeit, wird im Menschen der Drang nach dem Schönen je versiegen, das immer auch ein Wahres ist, und immer wird, wo das Schöne wohnt, eine Insel der Begegnung sein.

Dabei: wie zeitgemäss mutet etwa Daumier in Oskar Reinharts Auswahl uns an, schon jene eine Gruppe im grossen Saal seiner Galerie. Wir sehen die ihr Kind badende Mutter am Fluss, Don Quijote mit Sancho Pansa im Gebirge, dazwischen Les Fugitifs, herabgetrieben vom unsichtbaren Verhängnis, «Unsren zug zur finsternis». Ist nicht in diesen drei Bildern allein schon, was auch unsere Welt ausmacht? Oskar Reinhart wies in einer Vernissagerede anlässlich der kriegsbedingten Ausstellung seiner Sammlung in Bern 1940 darauf hin, dass die Bilder «zum Teil in ebenso dramatischer Periode wie der heutigen entstanden sind». Und voll innerer Dramatik sind gewiss die Werke von Goya, Géricault, Cézanne, van Gogh.

Später stieg man ins Arbeitszimmer im ersten Stock, wo auf dem Schreibtisch Post sich zu Haufen stapelte, besichtigte die letzte Neuerwerbung, so eine Bildniszeichnung von Schadow. In diesem Raum mit dem Kamin und dem weiten Blick über die Stadt und Land hingen zu Lebzeiten ein Bergbild von Hodler, ein blaues Porträt von Picasso, Kokoschkas Ansicht von Avignon, ein Intérieur von Vuillard, eine Landschaft von Renoir, ein unvollendetes Stilleben von Cézanne. Vor Eröffnung des Museums seiner Stiftung im umgebauten Gymnasium hing an Stelle des Kokoschka ein grosser Agasse aus dessen englischer Zeit, Halt der Postkutsche nach Portsmouth. Im privaten Graphikkabinett daneben hing Daumiers Sepiablatt Die Kunstsammler: ein alter und ein jüngerer Mann sehen sich Blätter aus einer Mappe an; der Alte staunt konzentriert vor sich hin, der Jüngere leidenschaftlich besessen. Um das Blatt vor Lichteinwirkung zu schützen, hatte Reinhart einen kleinen grünen Vorhang davor gehängt. Damen, die bis hier herauf gelangten, verbargen davor ihre Neugier nicht. Reinhart: «Leider ist der Gegenstand so, dass man ihn nicht offen lassen kann, es schickt sich nicht.» Die Besucherin, immer neugieriger, gibt nicht nach, sagt: «Bitte, wir sind ja nicht so», bis schliesslich Enthüllung folgt und verblüfftes, enttäuschtes Gelächter.

Im gleichen Print Room blieben vor dem Fenster gegen den Eingangshof die Läden stets zu, doch war ein kleines rundes Loch eingebohrt, und ein Perspektiv auf dem Fensterbrett, das Oskar Reinhart erlaubte, an den gegen Anmeldung offenen Donnerstagnachmittagen zu sehen, wer die Sammlung besuchen kam und ob es sich für ihn lohnte, hinunterzugehen. –

Nicht die Zahl ist es, die am Römerholz triumphiert, aber der Kosmos ist eingefangen im Meisterwerk. Das Sammlerehepaar Barnes aus Philadelphia, dessen eigene Stiftung hernach so viel zu reden gegeben hat, sah sich in Begleitung Reinharts dessen Sammlung an. Mrs. Barnes fragte ihn: «How many Renoirs have you, Mr. Reinhart?», blickte beim Bescheid «vierzehn» hinüber zu ihrem Mann: «How many have we, dear?», worauf er zur Antwort gab: «Hundred and twenty-four!» (Barnes soll in Washington vom Sammler Phillips auf eine ähnliche Frage der Bescheid zuteil geworden sein: «You know perfectly well, Mr. Barnes, that you would give all your Renoirs for my Déjeuner des canotiers!» – Ob es mit Reinharts Dormeuse nicht vielleicht ähnlich war?)

Abende lang konnte Reinhart mit solchen Äusserungen seine Besucher erheitern. So sagte Mrs. Mildred Bliss, mit ihrem Mann die Stifterin der Sammlung und des Instituts von Dumbarton Oaks und grand old Lady Amerikas, vor dem Grecobildnis des Kardinalinquisitors Guevara: «You know, Mr. Reinhart, we have a metaphysical-philosophical one.» Als Mrs. Havemeyer, eine der «proud possessors» in USA, ins Römerholz kam, stürzte sie auf der Suche nach dem berühmten Géricault in die Galerie, rief: «Où est le Fou?» – worauf Reinhart, mit der ihm eigenen Ruhe auf sich zeigend, schlicht sagte: «Le Fou c'est moi.»

Früher einmal führte Berta, des Sammlers treue Schaffnerin, in Reinharts Abwesenheit Geheimrat Bode durch die Galerie, ihn durch ihre Kenntnisse überraschend, so wenn sie beispielsweise vor einem Bild sagte: «Das ist das Gegenstück zum Porträt im Prado» oder «Ein ähnliches Sujet findet sich im Louvre», so dass Bode nachher heiter anerkennend zu Reinhart bemerkte, sie verdiene den Doctor h. c. der Berliner Universität. Reinhart erzählte dies Wölfflin, der lediglich trocken bemerkte: «Kann er gar nicht. Bode hat ja gar keinen Einfluss an der Universität!»

Wie aus einem Füllhorn schüttete er, wenn es die günstige Stunde war, den Schatz seiner Anekdoten aus. Viele redeten ihm zu, von all dem etwas aufzuschreiben, vor allem die Geschichten der Bilder. Nie warf er etwas Gedrucktes oder Geschriebenes weg, sein Arbeitstisch war mit Bergen von Papier überhäuft, nach seinem Hinschied fand man Gelegentlichstes von seinen Reisen, Drucksachen, Eintritts- und Fahrkarten und ähnliches, indessen kaum Handschriftliches von ihm selbst. Seine Art zu arbeiten, zu gestalten war eine andere.

Oft schweifte Reinharts Erinnern weit zurück. Eines Nachmittags sass man gesellig in der Galerie. Jemand erzählte von seiner Entdeckung des Buches «La Cité Antique» von Fustel de Coulanges. Oskar Reinhart stand schwerfällig auf, verschwand, kam kurz danach wieder zurück und brachte das Buch in einer Ausgabe von 1904: als junger Mann habe er es in Lausanne gekauft, als er dort bei den Professoren Rossier und Maurer Vorlesungen hörte, daneben Italienisch-Stunden bei einem Lehrer nahm, mit dem er aber lediglich zum Billard gegangen sei und von dem er Guitarre spielen gelernt. Während seiner kaufmännischen Lehrzeit in London habe er dann stets im British Museum über den Kupferstichen gesessen.

Besonders fesselte ihn damals in England das Werk des Graphikers Muirhead Bone, das ihn zu seinen ersten Erwerbungen bewog und noch später sein Interesse wachhielt. Auch sonst zog er es in der Jugend vor, statt in die Berge in die grossen Städte zu fahren und die graphischen Kabinette aufzusuchen. Nach Lausanne und der Handelsschule in Neuenburg, nach Paris und London war er für die väterliche Firma nach Indien gekommen, was in seinem Leben aber lediglich Episode blieb. Es gibt frühe Aufzeichnungen schon des Gymnasiasten, die vom Zwiespalt reden, dass die Kunst ihn stärker fessle als der Beruf eines Handelsmannes.

Einschneidendes Erlebnis bedeutet ihm die grosse Ausstellung deutscher Malerei des neunzehnten Jahrhunderts in Berlin im Jahre 1906. Schritt für Schritt geht der werdende Sammler vor, bis er, wachsend und reifend, eines Tages als Vision das zu sammelnde Werk vor sich sieht. 1923 schreibt er: «Ich werde mich in Zukunft noch strenger auf diejenigen Meister konzentrieren, die mir am nächsten stehen, und das Museumsprinzip, von allem etwas zu besitzen, aufgeben. Meine Leidenschaft gilt Daumier, Delacroix, Renoir, Courbet. Speziell Daumier möchte ich in meiner Sammlung ausbauen.»

Mit 43 Jahren zieht er sich 1924 von den Geschäften zurück, nachdem ihm gelungen war, den am Waldrand über Winterthur gelegenen Sitz mit weiter Aussicht «Am Römerholz» zu erwerben, einen Bau des Genfer Architekten Maurice Turrettini von 1915, neben dem er seinen Traum, eine Galerie zu errichten, verwirklicht. Im kommenden Jahrzwölft rundet sich die Sammlung zum weltberühmten Ensemble.

Den Keim zu seiner Entwicklung hatte sein Vater Theodor Reinhart, Chef der Welthandelsfirma Gebrüder Volkart, in ihn gelegt, dessen Haus, der Rychenberg in Winterthur, ein Mittelpunkt künstlerischen Lebens gewesen und es auch noch in der nächsten Generation, als Werner Reinhart dort wohnte, weitleuchtend blieb. Der Vater war den Künstlern Mäzen gewesen «bis zum Wein und den Zigarren»; in seinen vier Söhnen Georg, Hans, Werner und Oskar, in deren jedem sich ein Stück des Vaters verkörperte, lebte er fort. Vom Rychenberg, wie übrigens auch aus andern Häusern und Familien von Winterthur – die Namen Bühler und Hahnloser gehören hierher – ging dadurch über ganz Europa hin Wirkung aus; daran hatten Dichter, Maler, Musiker teil, Rainer Maria Rilke, Hermann Scherchen, Othmar Schoeck zählten dazu. Der Förderung des Malers Karl Hofer und des Bildhauers Hermann Haller durch den Vater hat Oskar Reinhart im Museum seiner Stiftung ein sichtbares Denkmal gesetzt. Der erste Künstler, zu dem der Vater den Knaben mitgenommen, war – nomen est omen? – der Luzerner Landschaftsmaler Zünd. Unvergesslich blieb ihm, wie Ferdinand Hodler ins Haus des Vaters kam, der im Kuratorium der damals neu gegründeten Nationalbank sass zur Zeit, als diese die ersten Banknoten in Auftrag gab. Hodler zeichnete dafür den pathetischen Mähder, der den Älteren noch in Erinnerung ist, zu dem Theodor Reinharts Gärtner Modell stand. Oskar wäre gern dabei geblieben, musste aber um zwei Uhr – der Vater blieb unerbittlich – zurück ins Bureau.

In der erwähnten Berner Rede von 1940 bekannte er: «Dankbar erinnere ich mich am heutigen Tage meiner Eltern und der vielen entscheidenden Anregungen, die vom Elternhaus ausgingen, in welchem – soweit auch meine Erinnerungen zurückreichen – die Künstler Heimatrecht genossen. Unter Künstlern aufwachsen zu dürfen und von ihnen zum Sehen erzogen zu werden, das war der grosse Glücksfall meiner Jugendzeit (...) Doch immer sind sie meine besten Ratgeber geblieben, auch in Angelegenheiten des täglichen Lebens...»

Er selber hielt manchem Schweizer schenkend, empfangend die Treue. Von ihnen stand ihm Hermann Hubacher persönlich wohl am nächsten, Karl Walser ging bei ihm ein und aus, arbeitete auch für ihn; befreundet war er u. a. mit Hans Schoellhorn, Alfred Kolb, Ernst Morgenthaler, Hermann Haller, Wilfried Buchmann, Eugène Martin und mit Alexandre Blanchet. Wenn eine der andern Winterthurer Sammlerfamilien einen Künstler wie z. B. Wilhelm

Gimmi förderte, war dies für ihn eher ein Grund zur Zurückhaltung. Bekannten, oft allzu festgelegten Malern gewann er neue Aspekte ab: Barthélemy Menn, dem frühen Hodler, dem Thomaschüler Hans Sturzenegger. Das eine Bildnis des Töchterchens Louise verschaffte dem Maler Anker in den Augen vieler einen ganz neuen Rang. Reinhart gab auch die Anregung zum Guss und zur Aufstellung des Bubenberg-Standbildes von Karl Stauffer auf der Kastanienterrasse des Schlosses Spiez, Jahrzehnte nach des Malers und Bildhauers Tod. Schwer erträglich war es Oskar Reinhart, wenn ein Künstler geringgeschätzt, politisch missdeutet oder gar verunglimpft wurde, wie man dies gerne mit Böcklin tat – oder wenn er stolze Sammlungen zerbröckeln sah. Er selber traf rechtzeitig Vorsorge, dass seine Sammlung erhalten und mit ihrem Standort am Römerholz auf immer verbunden bleibt, eine Oase in unserer Welt. –

Ganz allmählich indessen holte das Alter ihn ein. Es brachte ihm Beschwerden, vor allem des Atems, der immer mühsamer ging. München, Paris, Bern oder Genf, all die Städte, in denen man ihm früher unvermutet begegnet war, ja auch sein «Lilienberg» am idyllischen Untersee, rückten ferner, waren kaum mehr erreichbar, wurden nur in Fahrplänen, anhand deren er sich ganze Reisen zusammenstellte, noch aufgesucht. Sich hinsetzen, aufstehen, ja das blosse Gehen wurde zur Mühsal. Auch Kontaktschwierigkeiten verstärkten sich, er sah nur noch die Nächsten, die mit ihm alterten. Gerne sass er auch, um ein wenig Gesellschaft zu haben, an Abenden bei seinen ihm ergebenen dienstbaren Geistern, für deren Alter er in einem eigens gebauten Personalhaus gesorgt hat und denen – (ein Beispiel für vieles) handschriftlich wies er die Besucher seiner Galerie darauf hin – der Erlös der verkauften Ansichtskarten zukam. Er schaffte sich ein Fernsehgerät an, das ihm abends die Zeit vertrieb. Nicht ohne Verlegenheit gestand er dies ein; während er einmal im Dunkel davor sass, sei der Securitaswächter, der Stimmen hörte, aber kein Licht sah, unvermutet im Zimmer gestanden. Als ein Besucher, aus dem Fenster blickend, ihm den Garten rühmte, sagte er: «Ich gehe nie in den Garten.» Über den Grund befragt, rückte er heraus, er könnte dem Gärtner begegnen... Er fuhr auch kaum mehr aus, zum Kummer des treuen Fahrers Fritschi, der ihn schon früher mit einer Stundengeschwindigkeit von höchstens 40 km hatte fahren dürfen, um keine Katze, die allenfalls über den Weg lief, zu überfahren.

Das nahende Ende hat ihm zweifellos viel zu schaffen gemacht, wie schon der Hinschied seiner Brüder, besonders der plötzliche des Bruders Werner, der, zwar anders als er, ihm in vielem doch ähnlich war. Kurz vor der einzigen Schwester folgte Oskar ihnen am 16. September 1965 achtzigjährig ins Grab, nachdem er zu Lebzeiten umsichtig das Fortbestehen seiner Sammlung durch Schenkung an die Eidgenossenschaft auf Ableben hin gesichert. Der Genfer Malerfreund Paul Mathey berichtet von seinem letzten Besuch bei ihm: «Et c'est là qu'il nous dit cette phrase qui nous fit venir les larmes aux yeux: ‹Après ma mort, tout restera comme c'est maintenant.›»

ROBERT VON HIRSCH

DAS HAUS

Robert von Hirsch bewohnte an der Engelgasse Nr. 55 in Basel ein Haus in rotem Backstein mit heller Eckquaderung unter schiefergrauem Mansarddach, das ein nicht allzugrosser, aber sehenswerter Zier- und botanischer Garten teppichgleich umgab. Mit vielen seltenen Pflanzen hatte ihn die Gattin Martha angelegt, Jahr für Jahr brachten zwei Gärtner darin die zahllosen Tulpen und Rosen, aber auch Orchideen und viele andere seltene Pflanzen zum Prangen. Wenn die Jahreszeit soweit war, pflegte sie anzurufen: «Kommen Sie, kommen Sie, all meine Fremdwörter blühn!» Als sie am 27. Mai 1965 starb, stellte er traurig fest, die Engelgasse sei nun nicht mehr die Engelgasse. Bewunderungswürdig sorgte er dafür, dass diese es dennoch bis zu seinem eigenen Hinschied blieb, Garten und Haus offen für seine Besucher, zu denen Verwandte und Freunde in Basel und der Schweiz gehörten so gut wie die aus dem Ausland hergereisten Kenner und Sammler. Zwar brachte er, als die Stöckelschuhe mit den hohen Stilettabsätzen in Mode kamen, über der Klingel an der Haustür ein Schildchen mit durchkreuztem Absatz als Zutrittsverbot für Trägerinnen der bodenmörderischen Schuhe an; wer aber eingelassen wurde, gelangte in ein Schatzhaus europäischer Kunst vom frühen Mittelalter bis zur Neuzeit, wie es hierzulande kein zweites gab.

Aus der weissen Halle mit den barocken Deckenentwürfen und dem grossen weissen Kändler-Papagei vor dem Spiegel wurde man in den zweifenstrigen Salon gewiesen, wo die hohe Gestalt des Hausherrn den Mittagsgästen ruhig grüssend entgegentrat und sie mit Sherry, Portwein oder Dubonnet versah. An den mit hellem Samt bespannten Wänden hingen, einander dicht benachbart und wohlgerahmt, drei Reihen hoch die Meisterwerke des französischen Dixneuvième. Nicht in einem Museum befand man sich, dessen wurde man bald gewahr, sondern im sehr persönlichen Reich eines Sammlers, dem jedes Kunstwerk auch ein Stück eigenen Lebens bedeutet. Das Mobiliar im Salon und im angrenzenden Kabinett war Louis XV und Louis XVI, etliches von Abraham und David Roentgen, von der Decke hingen Kristalleuchter herab. An der einzigen ganzen Wand nahmen die Mitte Cézannes Pigeonnier und die Patineurs à Longchamps von Renoir ein, links flankiert von Pissaros Cézanne in schwarzer Mütze und olivgrünem Rock, der dunkle Blick so stark, dass – spürte man – der Funke vom grösseren Modell auf den Maler hatte überspringen *müssen*. Darunter hing, als ersterworbenes Bild der Sammlung überhaupt, Toulouse-Lautrecs Rousse au Caraco blanc, rechts van Goghs Schafhirtin nach Millet unter Cézannes Stilleben mit Totenkopf, nebenan sein Bildnis des Jugendfreunds Fortuné Marion. Weiter gab es ein rosa hingehauchtes Tanzpaar von Renoir zu dessen Moulin de la Galette in Paris und eine Anglerin von Seurat zum Dimanche à la grande Jatte in Chicago. Eine grosse Zeitgenossenschaft visualisierte sich an dieser fast unerschöpflichen Wand, um die Ecke sich fortsetzend mit der schwarzeleganten Lyda von Degas, die mit dem Opernglas ihrerseits den Betrachter fixierte, mit Daumiers dunkelträchtiger Nachtwache des Don Quijote, Corots italienischer Amme, der von Diomedes verwundeten Venus, einem Frühwerk von Ingres, das im Louvre seinesgleichen suchte.

Neben den Abschied Romeos von Julia von Delacroix, den Théophile Gautier und Baudelaire gepriesen, hatte der Sammler eine Miniatur von Auberjonois mit demselben Sujet gehängt; mancherorts fanden sich solche Bezüge und Korrespondenzen im Haus.

Der Schritt ins Nachbarkabinett führte vom 19. Jahrhundert ins 18. und zum Barock. Über einen Polenteppich trat man vor die geballte Rubensskizze mit Blendung Simsons, zu Tiepolo, Bellotto, Guardi und vor Kleopatras Tod von Januarius Zick, und vor Zeichnungen von Piranesi, Fragonard, Watteau.

Auf der andern Seite gelangte man in des Hausherrn täglichen Aufenthalt. Zeitungen, Ausstellungskataloge, Briefe vor sich, sass er, wenn man etwas früher kam, hinter dem grossen Schreibtisch am Fenster und freute sich über ein mitgebrachtes Buch, das er mit der Frage: «Darf ich öffnen?» sogleich aus seiner Hülle befreite. Gegenüber stand die legendäre Mittelaltervitrine, deren Innenbeleuchtung er dem Besucher anzuknipsen pflegte und deren Inhalt manchem als Kernstück des Ganzen galt. Wie in einer Schatzkammer reihte sich hinter der grossen Scheibe, aus bedeutenden Sammlungen stammend, kirchliches und weltliches Gerät in Elfenbein, Bronze, Email. Da standen die Reliquiare, Leuchter, Bischofsstäbe, Schachfiguren, Brettsteine, die Statuetten und Diptychen – eine byzantinische Maiestas Domini aus der Sammlung Trivulzio, eine eucharistische Taube von Limoges, das oberrheinische Medaillon mit lieblicher Heimsuchung Mariae, ein Kästchen vom Welfenschatz. In der Anordnung bekundete sich wie an den Wänden die vom Sammler geschaute Qualitätshierarchie. Zentrum der Vitrine bildeten die Rundscheibe mit der Operatio, dem als Engel personifizierten «hilfreichen Wirken» vom Remaklus-Retabel in Stablo, oberstes Beispiel der Grubenschmelzkunst an der Maas um 1150, und die gebogene Armilla (Armplatte) mit dem Gekreuzigten und den rotbeinigen Longinus und Stephaton, ursprünglich wohl vielleicht von Kaiser Barbarossas Ornat. Auf dem Tisch davor kniete zwischen Giessgefässen ein Bronzeweibchen im Stil

der Tür von San Zeno, das schirmend die Hand übers
Auge hält, im Stirnreif der Name Meister Stefans, der
«mich gemacht». Um die Vitrine und Bücherschäfte
hingen Bildteppiche und Blätter mit Buchmalerei, so
ein Kampf des Lamms mit den Königen (Off. 17, 14) –
abgehauene Köpfe vor blauem und rotem Grunde, in
seiner kruden Art eindeutig spanischer Herkunft und
insofern nicht zu den Museumsstücken gehörig, vor
denen der Hausherr gern den Vers zitierte: «Was man
nicht definieren kann, Siedelt man in Spanien an.»

Der nächste Raum, in gleicher Flucht gelegen, war
der der alten Meister. Die Hauptwände nahmen hier
die grosse, von Engeln emporgetragene Branchini-
Madonna des Sienesen Giovanni di Paolo und eine
nordfranzösische Kreuzigung ein, umgeben von
Werken kleineren Ausmasses vom selben Rang, so
der Himmelskönigin von Hans Baldung Grien und
dem blauen Lichtwunder, Jakobs Traum, des Frank-
furters Adam Elsheimer, auf das der Sammler besonders gerne hinwies. Lukas Cranachs Urteil des Paris
hatte er vor seinem Wegzug aus Deutschland zurück-
lassen müssen; es wurde ihm nach dem Kriege wieder-
erstattet und kam nach seinem Ableben ins Basler
Kunstmuseum. Drei Ecken des Raumes besetzten
Aquarelle und Zeichnungen aus Deutschland und der
Schweiz, aus den Niederlanden, aus Frankreich und
Italien. Zeichnungen hatten in der Sammlung von
Hirsch neben Tafelbildern und Gemälden ihre gleich-

berechtigte Position, wie die mehrheitlich kleineren Formate überhaupt die Wohnlichkeit förderten.

In der einen Ecke nun also Dürers Trintperg, 1495 auf der Rückkehr von Venedig in Wasserfarben als kompakte Vedute der Siedlung mit Kirche und Festung vor kargem Doss' Trento gemalt, und desselben Künstlers ein Vierteljahrhundert später gefertigte Federzeichnung Gebet am Ölberg von reicher Bewegtheit in Komposition und transparenter Schattierung – im gleichen Raum hing Tintorettos gleichnamiges grosses Gemälde. Dann Wolf Hubers kräftig beseeltes Bildnis eines jüngeren Mannes im Barett und Urs Grafs Mann mit der Taschensonnenuhr. Die staunend geöffneten Knabenaugen eines süddeutschen Brustbildes von 1520 mochten vermuten lassen, der Junge habe sie erst an der Engelgasse aufgetan.

Hierseits des Fensters war die niederländische Ecke mit Rembrandt: ein Mädchenakt von klassischer Lieblichkeit, der Verlorene Sohn bei den Dirnen, dem Städel in Frankfurt vermacht, zu dessen Administratoren Robert von Hirsch einst gehörte (er liebte es zu erwähnen), die Enthauptung des Johannes mit ergreifendem Ausdruck des Täufers, wie Rembrandt allein über solchen gebot. Hier auch Pieter Brueghels vielfigurige Invidia und Jan Brueghels d. Ä. zartgetönter Blick auf Heidelberg. Die dritte Ecke nahmen u. a. Pinturicchio, Veronese, Carpaccio ein. In der Ecke zunächst der Tür hing, gleichfalls dem Städel zuge-

dacht, eine Blendung des heiligen Leodegar von
Ugolino Lorenzetti, die Farben der Gewänder und
Schilde, der Goldgrund rein, klar, hell, bekundend:
das Heilige obsiegt.

Auf Kaminsims und Möbeln standen gotische
Skulpturen und Bronzen der Renaissance, die sich bespiegelnde Negerin aus Venedig, ein florentinischer
junger Herkules, ein Dornauszieher und ein bellender
Hund.

Alles das ist Aufzählung aus reicherem Bestand,
der, zwar dicht gehängt und gestellt, doch in Gruppen
geordnet war von der Hand und dem Geist dessen,
der in täglichem Dialog damit umging. Der rote Granatapfelsamt auf dem Tisch in der Mitte gab den Ton
für die festliche Stimmung, in der man hier Kaffee
trank.

Dem ging – zu zweit, zu viert, zu zwölft – das Mahl
im benachbarten Speisezimmer voraus, das, mit dem
vordern Raum durch Helligkeit kontrastierend, eine
nachträglich verglaste Veranda war, vom heiter belebenden Geist der Gattin Martha geprägt. Frauen von
Modigliani, Matisse, Dufy, Vlaminck und ein Mädchen von Soutine musterten die Tafelrunde von der
Wand. Picassos Strassenszene gegenüber, ein Bild des
neunzehnjährigen Genies, war 1907, nach Lautrecs
Rousse, des Sammlers zweiter Ankauf gewesen, kein
schlechter Auftakt zu einer Zeit, da man sich in Frankfurt mit Bildern von Thoma, Liebermann, Stuck um-

gab oder mit Holländern, von denen es an der Engelgasse kaum eine Landschaft gab. Ein weisser Strauss von Braque, Le Désespoir du Peintre betitelt, Früchte von Gris, Farbenmärchen von Mirò und Klee stellten unter Beweis, dass die grossen Zauberer auch die zartesten sind. In der mittleren Vitrine reflektierten Marthas Fayencen das hell einfallende Tageslicht, den runden Tisch bedeckte ein schwarzweisses Service von Lurçat, die Tischkarten trugen die Namen der Gäste in des Hausherrn flüssiger Schrift. Immer wurden die Primeurs der Jahreszeit aufgetragen, nach Hausrezepten bereitet, dazu Gewürztraminer aus dem benachbarten Elsass, dann Bordeaux serviert. Nie ging man zu Tisch, ohne dass sich der Gastgeber in die Küche begeben hätte, um dort selbst nach dem Rechten zu sehen. Erst in den letzten Wochen, als er seines Lebens Raison d'être nicht mehr einzusehen gestand, bekannte er, dass er «einladungsmüde» sei, was ihn nicht hinderte, die ihm Lieben noch immer zu empfangen. Zu den letzten Eingeladenen zählte die fünfzehnjährige Enkelin seines Frankfurter Freundes Georg Swarzenski. Mit Courteoisie setzte er sie beim Essen rechts neben sich, führte sie nachher ins obere Treppenhaus, wo er, sie zu ehren, eine von ihr gemalte und ihm geschenkte Eule ins dortige Ensemble gehängt hatte.

Denn mit dem Erdgeschoss hatte es sein Bewenden nicht. An der gerundeten Stiege hing innerhalb der grösseren Sammlung eine kleinere für sich. Emporsteigend nahm man an den Wänden die Blätter und Blättchen der Realisten, Impressionisten, Fauves, Kubisten und späteren -isten wahr, liess sich von der guten Laune anstecken, die all die inspirierten Capriccios hervorgebracht. Gerne hätte man auf dieser Treppe sitzend eine Nacht lang gewacht, um zur Geisterstunde, was da hing, lebendig werden zu sehen, Menzels Musketier aus Wallensteins Lager im Reigen mit Rodins Tänzerin und der Odaliske von Matisse; Marinis Reiter, Moores schaukelnde Mütter und viele andere hätten ihm zugeschaut.

Im oberen Wohnzimmer stand dem Besucher ein weiterer Aufschwung bevor. Hier besetzte die Hauptwand ein Bücherschaft aus der Schinkelzeit, über dem, durch grauen Behang vor dem Licht geschützt, eine Reihe Aquarelle von Cézanne hing. Wurde er zur Seite geschoben, kam eine Summe des Meisters von Aix in Stilleben, Landschaft, Figur zum Vorschein. Mehr als ein Dutzend Bleistiftzeichnungen Cézannes ergänzte sie, ein Selbstbildnis, Studien nach Michelangelo, Holbein, Rubens und Delacroix, zehn davon Blätter aus einem Skizzenbuch, dessen Erwerbung der Sammler kurz nach seinem Umzug nach Basel auf Bitte von Carl August Burckhardt-Koechlin dem Museum ermöglicht hatte; er hatte sie sich damals vorbehalten dürfen und letztwillig wieder mit jenem vereinigt.

Ausser Cézanne gaben sich zahlreiche andere Meister in diesem Zimmer ihr Stelldichein, Ingres mit Holbeins Heinrich VIII., Redon, Manet, Berthe Morisot, Boudin und Jongkind, Gauguin und van Gogh, Seurat, Toulouse-Lautrec mit einem Plakatentwurf zum Divan Japonais, den der Händler als Zugabe beim Kauf eines Bildes gewährt.

Auf einem Sims des waagrecht zweigeteilten Bücherschaftes standen nebeneinander zwölf kleine Bronzen. «Wenn Sie die bestimmen», sagte Robert von Hirsch, «können Sie eine davon auswählen.» Man begann hoffnungsfroh, es schien kinderleicht: Arp, Barlach, Laurens, Giacometti, dann stockte man, versagte in der vermeintlichen Kennerschaft. Daraufhin er: «Sehen Sie, dieses Stück hier ist von meiner Frau, es ist meine Rückversicherung.» Merkwürdigerweise hielt jeder Besucher, der zu solcher Bestimmung aufgefordert war, nachher dicht.

DER SAMMLER

Zum erstenmal kam ich in das Haus an der Engelgasse, als der Internationale Museumsrat (ICOM) 1956 unter Sir Philip Hendy von der Londoner National Gallery seine Tagung in unserem Land abhielt. Robert von Hirsch hielt open door, seine Gattin im kurzgeschnittenen weissen Haar sass im Vorraum des oberen Stockwerks hinter einem langen Tisch und zeigte die ihr von ihrem Vater, dem Juwelier Koch, überkommene Ringsammlung. Zwei Jahre danach veröffentlichte ich in der «Neuen Zürcher Zeitung» einen Aufsatz zum Gedenken an Bernard Berenson mit Gesprächen, die ich mit dem uralten Bewohner der Villa I Tatti in Settignano geführt hatte. Eine Frage hatte den prominenten amerikanischen Sammlern gegolten, mit denen B. B. zu tun gehabt: ob sie auch Kenner ihrer Kunstwerke gewesen seien, was er entschieden verneinte, – ihm seien im Leben nur drei Sammler begegnet, die wirklich etwas von dem verstanden hätten, was sie sammelten, nämlich die beiden Stoclet in Brüssel und Robert von Hirsch in Basel (s. S. 33). Als ich dann, von diesem eingeladen, bei Tisch neben der Hausfrau sass, legte sie ihre Hand auf die meine und rief: «Sie haben ja solche Propaganda gemacht für den Robert! Er hat Ihren Artikel fünfzehnmal zugeschickt bekommen», worauf er über den Tisch zu uns herübersah und schlicht sagte: «Figdor hat auch etwas von dem verstanden, was er sammelte.»

Nie mehr wich nach ihrem Hinschied die Trauer um seine Frau ganz von ihm. Ihre Möpse behielt er in treuer Pflege im Haus, dank der sie jahrelang überlebten; im Garten blühte wie zuvor mit den länger werdenden Tagen der prangende Flor; wie einst mit ihr flog er nun allein nach London zur Chelsea Flowershow. Im Alter hatte er sie, die seine Jugendliebe gewesen, heimgeführt und 19 Jahre in glücklicher Ehe mit ihr gelebt, ihren Kindern und Enkeln der verehrte Mittelpunkt. Sie war nicht nur eine grosse Pflanzenkennerin, sondern, selber Bildhauerin, aufgeschlossen für neue Kunst. Sowohl in Lebensdingen wie im Sinn für Qualität waren sie eins, ihre spontane, warmherzige Art und seine vornehm gemessene ergänzten sich wunderbar. Bei seinem Tod lag auf dem Nachttisch am breiten ausschwingenden Empire-Bett das Taschenbuch «Goethe erzählt sein Leben», darunter je ein Exemplar der «Basler Nachrichten» und der «National-Zeitung» vom 28. Mai 1965 mit der Todesanzeige seiner Frau.

Mehrere Sommer verbrachte er nun auf dem Bürgenstock, fuhr an den Abenden zu den Festwochenkonzerten nach Luzern, der Musik zugetan und ihrer bedürftig, zu seinen Freunden zählten auch grosse Musiker. Gerne bat er, um Gesellschaft zu haben, einzelne ihm Nahe auf ein paar Tage zu sich herauf, kümmerte sich als Gastgeber auch dort um Einzelheiten ihres Behagens. Auf gemeinsamen Spaziergängen schloss er sich auf, wobei sich unsentimentale Direktheit mit Herzenshöflichkeit paarte. Über das Zeitgeschehen und die wirtschaftlichen Zusammenhänge war er genau im Bild, er begegnete dem Welttheater mit skeptischer Resignation und war im Gespräch von unnachahmlich nuanciertem Humor. Wie für

Kunstwerke hatte er für Menschen und Situationen einen untrüglichen Blick. Vergnügt konnte er im Schwimmbad auf die täuschende Badeperücke einer nicht jungen Baslerin weisen; einen zur Bar umfunktionierten Kornspeicher des kleinen «Fürstentums», den er genau inspizierte, fand er «noch relativ gut gemacht».

Je älter und einsamer er wurde, desto öfter gingen seine Blicke zurück nach Frankfurt, zu den Eltern und Geschwistern, zu seinem Haus am Palmengarten, das, was er mit Photographien belegte, so viel stattlicher gewesen sei als das Basler Haus; zum dortigen Umgang, aus dem ihm der mit Georg Swarzenski, seinem eigentlichen Mentor, mit dem er auch gereist war, sowie der mit Redaktor Fritz Gubler, seinem nachmaligen Winterthurer Rechtsanwalt, der liebste gewesen sei; zu seinem geschäftlichen Wirken in der Lederfabrik in Offenbach und den harten, stets reellen Partnern wie Bally-Schönenwerd, ja zu seinen Kriegserlebnissen in Russland und wie sie, schon nahe an Konstantinopel herangerückt, hätten umkehren müssen, was eigentlich schade gewesen sei. Dann seine Aufnahme 1933 in Basel, wie und durch wen (vorausschauend hatte er seine dortige Niederlassung schon im Sommer 1932 erwirkt); die von Bern aus relativ langwierige Einbürgerung und die, wie sich später erwies, mit Recht nicht genutzte Möglichkeit, den «Ebenrain» in Sissach zu erwerben, einen Landsitz aus dem 18.Jahrhundert, er wäre zu abgelegen gewesen.

Von jedem Kunstwerk seiner Sammlung wusste er zu erzählen, vom Abenteuer eines Ankaufs, dem Triumphgefühl, wenn er geglückt, von fallenstellenden Händlern, retardierenden Museumsdirektoren, neidischen oder anerkennenden Sammlern, von Schicksalen überhaupt. «Tauschen täuscht», sagte er zu Fritz Lugt, dem holländischen Sammler, Kenner und Gelehrten in Paris, als dieser ihm einen Tausch vorschlug. Er beschrieb den Unterschied im Gebaren von Ambroise Vollard und Sir Joseph Duveen: wie dieser mit einem Klatschen der Hände zwei Sklaven das Gemälde in das seidenbeschlagene Gemach tragen hiess, während Vollard selbst ins Nebenzimmer ging und zwei Bilder herbeiholte, zwischen denen zu wählen war; er sei immer anständig gewesen, nicht eigentlich auf Verkauf erpicht, am meisten hätten ihn seine Bucheditionen interessiert. In München erwarb Robert von Hirsch im Jahre 1917 ein Stilleben von Matisse für 5000 Mark. Als Georg Swarzenski es sah, meinte er, das wäre etwas für den Städel gewesen, worauf dieser es von ihm gestiftet bekam. Mit den als «entartete Kunst» vertriebenen Werken in deutschen Museen gelangte derselbe Matisse in die bekannte Fischer-Auktion nach Luzern. Da er dem Dritten Reich nicht zu Devisen verhelfen wollte, verzichtete er, auf das Bild zu bieten, für 30 000 Fr. kam es an einen amerikanischen Sammler, der es nach dem Krieg für ca. 138000 Dollar weiterverkaufte. Ein Kunsthändler in der Schweiz bot es ihm nunmehr als «besonders schönen Matisse» an und nannte 168000 Dollar als Preis. Auf den Einwand, vor wenigen Wochen habe es doch nur 138000 gekostet, erwiderte jener, er habe seine Partner auskaufen müssen. Zum hundertfachen Preis von damals kaufte der Städel ziemlich genau 50 Jahre nach der seinerzeitigen Schenkung den Matisse zurück, was Robert von Hirsch als «kleinen Umweg» bezeichnete.

Er selber ging nach seinem Wegzug und dem Verlust seines Bruders im Konzentrationslager nie mehr nach Deutschland, mochten ihm auch gewisse Ausstellungen wie die der Rhein-Maas-Goldschmiedekunst in Köln 1972, ja noch die «Zeit der Staufer» in Stuttgart 1977 verlockend sein. Wohl aber fuhr er jährlich nach Wien, London oder Paris zu Opern und Ausstellungen oder auch zu Konzerten nach Montreux und Luzern.

Spannend war es, wenn er mit einem vor die Bücherschäfte in seinem Arbeitszimmer trat, in dem auch die berühmte Mittelaltervitrine stand. Hier reihten sich die früh von ihm gesammelten Erstausgaben mit handschriftlichen Widmungen ihrer Autoren, auch Briefe waren dabei. Einmal zeigte er mir die Franzosen des 19. Jahrhunderts, er schlug etwa ein

Buch von Alfred de Vigny mit Widmung an Madame Dorval auf oder Erstdrucke von Madame Bovary, Salammbo und L'Education Sentimentale mit Flauberts persönlichen Widmungen, dann Victor Hugos Littérature et Philosophie mêlées, mit Widmung des Dichters an Sainte-Beuve, der ihn mit Hugos Gattin betrog. Er nahm ein Exemplar von Maupassants Verskomödie Histoire du vieux temps heraus, mit Dedikation «à son Altesse Impériale Madame la Princesse Mathilde», und zeigte mir dazu aus Flauberts Werken einen Brief desselben an Maupassant, in dem dessen Frage beantwortet wird, wie die Prinzessin in der geplanten Widmung anzusprechen sei; diese, wie sie hier stehe, sei allerdings dann anders ausgefallen! Ein Brief Prosper Mérimées an Victor Hugo enthielt die Bitte um Karten zur Première von Hernani, zuhanden einiger Freunde, unter denen Henri Beyle alias Stendhal figurierte. «Aber wen interessiert dergleichen heute noch?» – resigniert warf er die Frage in den Raum, wo sie stehen blieb.

Wenn nach Tisch die Gäste gegangen waren, hielt er mich meist mit der Frage zurück: «Bleiben Sie noch einen Moment?» Man ging dann zum Schreibtisch im Arbeitszimmer hinüber oder hinauf in das ehemalige Wohnzimmer seiner Frau. Im letzten Lebensjahr gab der sonst allzeit Klaglose seiner Sorge über die Zukunft seines Lebenswerkes Ausdruck.

Er beschloss, nach seinem Ableben die ganze Sammlung in einer grossen Auktion erneut unter die Liebhaber und Sammler bringen zu lassen, gewiss, dass sie seinen Rang als Sammler vor aller Welt bestätigen werde. Eine Stiftung zu errichten und ein eigenes Museum zu hinterlassen, wie ihm mehrfach vorgeschlagen, lag nicht in seiner Philosophie, er wies dann auf die Verstaubtheit etwa des Musée Cognac-Jay in Paris hin.

Anteil nahm er am Bau der Abegg-Stiftung; die Sammlung, bisher zerstreut in Turin, New York, Paris und Zürich ausgestellt oder magaziniert, war ihm unbekannt. Zur Besichtigung des Rohbaues kam er nach Riggisberg, nicht ohne Zweifel fragte er, als er sich durch die ausgedehnte Anlage führen liess: «Können Sie's füllen?» Im Jahr danach machten Werner Abegg und ich ihn am Vormittag der festlichen Einweihung auf einem ersten Rundgang mit dem chronologisch präsentierten Inhalt bekannt; am Ende sah er mich heiter bedeutsam an und sagte: «Es ist gefüllt».

Zur Erledigung seiner Korrespondenz fuhr er, lange selbst, zuletzt vom Gärtner chauffiert, allvormittäglich in sein früheres Bureau am Dreispitz, wo er telephonisch immer erreichbar war. Postwendend beantwortete er, in die Maschine diktierend, dort jeden Brief, zuhause oder aus den Ferien schrieb er mit der Hand in seiner gestochen klaren und feinen

Schrift. Von Reisen sandte er Ansichtskarten der Gegend, aus Pontresina, aus dem Hotel Mamounia in Marrakesch, einmal auch aus Nanyuki am Mount Kenya; es war zuletzt nicht leicht, den Ort für den Winter zu finden, wo das Klima im Einklang mit der Qualität des Hotels war. Er liebte es, zu spazieren, zu lesen oder auch einfach nachzudenken. Die Briefe und Karten spiegeln seine jeweilige Stimmung humorvoll und immer präzis. Aus Monte-Carlo am 21. April 1971 mit Stadtansicht: «Hier können Sie sehen, wie in unserer fortschrittlichen Zeit ein früher sehr nettes Städtchen verschandelt wird. Viele neue Grattes-Ciel sind im Bau. Auf einmal sieht man, wie (relativ) schön das Casino ist, ein altmodischer Kuppelbau in etwa meinem altmodischen Alter. Das einzig Schöne an Monte Carlo ist das Meer und die Sonne, wenn sie scheint. Heute tut sie das.»

Aus Pontresina im September 1973: «Diese letzten Tage hier oben – pourvu que ça dure – sind von unglaublicher Schönheit. Der Himmel – ‹bleu du roi› – die Nächte sehr kühl, die Tage für festliche Spaziergänge (und Klettertouren si vieillesse pouvait).»

Aus Beaulieu am 10. April 1975: «heute am Morgen kam – sicher irrtümlich – ein Gewitter mit Hagel und Nass-Schnee. Aber am Nachmittag wieder der blaue Himmel und die Sonne Homers.»

Aus der Engelgasse schickte er gerne Photokarten von Gemälden, Zeichnungen, Objekten seiner

Sammlung. Im April 1974 etwa die Federzeichnung seiner Flusslandschaft von Rembrandt mit Haus und Turm (er war damals schon über neunzig): «Ich heutiger Junger erinnere mich tatsächlich an das Klima des ersten und zweiten Weltkriegs. Aber auf dem ‹recto› dieser Karte können Sie deutlich das Klima des dreissigjährigen Krieges – in Holland – sehn. *Das* waren noch Zeiten.»

Über die Lektüre einer Studie über Herzog Karl den Kühnen und von Carl J. Burckhardts Städtegeist am selben Tag schrieb er: «Ein guter Sonntag, aber auch ein beklemmender: das Werden und das Vergehen eines grossen Mannes, gleichzeitig und zum grossen Teil miterlebt, das Sterben dessen, was Burckhardt ‹Städtegeist› nennt und was eigentlich unser Leben war. Wäre alles anders gekommen, wenn der Burgunder weniger téméraire und klüger gewesen wäre? Wir wissen es nicht, man sollte es gar nicht überlegen.»

Nach der grossen Florentiner Überschwemmung im November 1966, auf einem Lichtbild seines Salons: «Tolnay (...) erzählte schauerlich interessant über die beginnende Sintflut in Florenz. Wir müssen uns wohl darüber klar sein, dass unsere Welt für eine neue Sintflut – sei es mit Wasser oder Gas – überreif ist. Da ist es gut, nicht mehr so jung zu sein.»

Als die «Basler Nachrichten» eingegangen waren, las er noch die «Neue Zürcher Zeitung» und die «New

York Times». Mit klugen Stellungnahmen ging er auf alles ein, wie es in seiner späten Zeit überhaupt nichts mehr gab, was man vor ihm nicht zur Sprache bringen konnte, man musste nur die Scheu ablegen, die man nicht so sehr vor seinem hohen Alter als vor ihm selbst empfand, vor dem, was von ihm ausging, der Aura, die ihn umgab. Spät unterzog er sich Hüft- und Augenoperationen, das Risiko mit dem Eingeständnis auf sich nehmend, lieber nicht weiterleben zu wollen als unter Schmerzen und blind, und der Erfolg gab ihm recht; er sei, sagte er nicht ohne Stolz, der Renommierfall seiner Chirurgen geworden. Zu seinem 94. Geburtstag, der sein letzter wurde, am 13. Juli 1977, hatte der Gärtner Heger ohne sein Wissen die Basler Freunde in den Garten eingeladen, wo im Fakkelschein mit Bläsern ein Divertimento von Mozart erklang, was ihn freute. Seine Gefährtin der letzten Zeit war die Siamesenkatze Belinda, zu der er im Tête-à-tête zärtliche Worte sprach. Als ein Basler Industrieller, im Gespräch mit ihm sein Alter erfahrend und, überrascht von soviel Präsenz und Luzidität, spontan ausrief: «Aber das gibt's ja nicht!», interpretierte er den Ausruf anders und meinte traurig: «Mich gibt es eigentlich gar nicht mehr.» Auch sagte er: «Wenn man neunzig ist, hat man keine Probleme mehr, nur das eine, wo, wann und wie man stirbt.» Das lange innere Ringen um die Zukunft seiner Sammlung war jetzt vorüber, wenn er auch noch sagen konnte, dass er manchmal nachts vor Kummer nicht schliefe. Er hatte nun alles geregelt und seine Freunde und Verwandten mit sinnvoll ausgesuchten Andenken aus seiner Sammlung bedacht. Im letzten Sommer und Herbst nahm sein vordem so starker Lebenswille zusehends ab. Leise, leise ging er in der Frühe des 1. November 1977 vom nächtigen in den ewigen Schlaf. Konnte man ihm Schöneres wünschen? Nun, da es die Engelgasse nicht mehr gibt und nie mehr geben wird, bleibt uns im Gedächtnis, was ein amerikanischer Kunstfreund in einem Brief über ihn einmal schrieb: «I am so glad that you agree with me that Robert von Hirsch himself is the finest object in his marvellous collection.»

RUDOLF RIGGENBACH

«Wie bei einem Felssturz oft seltene Kristalle zu Tage treten, so weckt der unerwartete und tragische Tod von Pfarrer Peter Imhof die Erinnerungen an diesen aussergewöhnlichen und doch so einfachen Mann. Freunde und Bekannte haben ihn oft aufgefordert, seine Erinnerungen festzuhalten, aber er hat diesen Wunsch stets des bestimmtesten abgelehnt. Neben Ausreden, an die er wohl selbst nicht glaubte, lag der wahre Grund wohl darin, dass er sehr viel besser erzählen als schreiben konnte. Und so sei es denn versucht, wenigstens einige dieser Erinnerungen festzuhalten, auch auf die Gefahr hin, dass sie diesen glücklichen Erlebnissen nur von ferne nachkommen. Wenn es ein anderer, etwa Professor Carlen, besser macht, um so besser. Es mögen jetzt mehr als dreissig Jahre her sein, dass ich durch einen Zufall seine Bekanntschaft machte...»

So beginnt der Nachruf Rudolf Riggenbachs auf alt Pfarrer Peter Imhof in den «Walliser Nachrichten» vom 9. August 1960, der, wie Dutzende solcher, mit denen er heimgegangenen Freunden seine Treue bekundete, hoffentlich eines Tages an minder verschollener Stelle wieder im Druck erscheinen und neue Leser entzücken wird.

Nicht dass diese Worte tels quels auf unseren heimgegangenen Freund anzuwenden wären – sie helfen aber, uns in das Klima Rudolf Riggenbachs zu versetzen mit seiner so besonderen Mischung aus Ernst, Humor, Würde und einem Schuss Ironie. Man entnimmt ihnen auch, dass es Menschen gibt, derer man kaum anders als mit persönlicher Erinnerung, mit selbsterlebten Episoden gedenken mag, zu denen die andern Miterinnernden anderes, Treffenderes, ebenso Persönliches beizusteuern wissen.

Wohl sichert der Rang des Gelehrten ihm seinen Platz im Gedächtnis der Zunft. Nicht umsonst hatte er Jahre im Basler Kupferstichkabinett verbracht und war er in beharrlicher Arbeit zum Kenner mittelalterlicher Malerei geworden, der in den Basler Bänden unseres Kunstdenkmälerwerkes die Wandgemälde der Vaterstadt, so die Rathausbilder Hans Holbeins des Jüngern, behandelt hat. Er war ein langwieriger Arbeiter, machte es sich und andern nicht leicht. Beispiel dafür sind etwa die zusätzlich numerierten Seiten 568[I] bis 568[VIII] im ersten Basler Kunstdenkmälerband, deren Text eintraf, als das Buch fertig gesetzt war.

Nicht umsonst war er aber auch ein Kenner des Wallis geworden, in dem ihm mancher Schatz zu heben gelang. Sein Vortrag über «Ulrich Ruffiner und die Bauten der Schinerzeit im Wallis» erregte Aufsehen, weil er darin den Nachweis erbrachte, dass aus dem ehemaligen Prismell, der Walserkolonie am Südfuss des Monte Rosa (heute Riva-Alagna im Sesia-Tal) seit Ende des Mittelalters eine grosse Zahl von Maurern, Steinmetzen und Architekten in die Schweiz und weiter nach Norden und Osten geströmt war.

Darüber hinaus kennzeichnete ihn die seltene Verbindung von Erudition mit Museumspraxis, wofür das Basler Münstermuseum ein erlesenes Beispiel ist; sie prädestinierte ihn zu dem Amt, das durch ihn in Basel Ansehen und Volkstümlichkeit gewann. Als Denkmalpfleger verlieh er manchem baulichen Kleinod neuen Glanz, vielen an verborgener Stelle, aber auch dem kleinen Klingental, der Eberler-Kapelle, dem Regierungsratssaal und dessen Vorstube im Basler Rathaus mit Schnitzereien, Wandbildern und Glasgemälden, denen er 1951 eine eigene Monographie gewidmet hat. Sein brieflicher Kommentar dazu lautete: «Natürlich handelt das Buch nicht über Mexiko, die Etrusker oder Urgeschichte, was heute Sensation macht. Es wirkt seinem Wesen nach altertümlich und könnte schon vor 50 Jahren geschrieben sein. Aber nur keine falschen Lorbeeren.» Als Mitglied der eidgenössischen Kommission für historische Kunstdenkmäler hielt er seine Wächterhand über manche Restaurierung, etwa der alten Kirche Dornach, der spätgotischen Kapelle Iglingen, der Johanniter-Kapelle Rheinfelden. Und schon drängt sich die persönliche Erinnerung vor. Nach der Einweihung dieser Kapelle sass man im dortigen Rathaushof und hörte sich die Ansprachen der Honoratioren an. Linus Birchler warb anklagend um höhere Kredite für seine Kommission und prangerte das Unverständnis von Kantonen und Gemeinden an, das bedeutende Bauten verkommen lasse. Riggenbach unterbrach ihn mit dem ringsum erheiternden Zwischenruf: «Bisch en undankbare Kaib!» Für solche Zwischenrufe war er berühmt; an einer andern Tagung betonte der Vertreter der Universität in seiner Begrüssungsrede, wie lebhaft man der (damals noch lebenden) Nestoren unserer Kunstgeschichte gedenke, Heinrich Alfred Schmids, Daniel Burckhardt-Werthemanns, Heinrich Wölfflins, worauf durch die andächtige Stille Riggenbachs Stimme scholl: «Ihr hänn si jo gar nid yglade!»

Die von Fritz Husner nach Riggenbachs 70. Geburtstag am 24. Dezember 1952 zusammengestellte Bibliographie umfasst 171 Nummern; die Redaktion der «Basler Zeitschrift», in der sie erschien, setzte die Bemerkung davor: «Diese Zusammenstellung der weitzerstreuten und zum Teil schwer auffindbaren Arbeiten aus nahezu 50 Jahren erschliesst (...) viele wertvolle Daten und Forschungsergebnisse vor allem zur Basler Kunst-, Denkmäler-, Stadt- und Personengeschichte ... Wir wissen, dass diese Liste sein wissenschaftliches Werk nicht abschliesst, sondern dass er weiterhin in Wort und Schrift tätig ist.» In der Tat schrieb Riggenbach auf das gelbe Couvert, in dem er das Separatum dieser Bibliographie versandte, unter die Bezeichnung «Drucksache» kurzerhand den Vermerk «Fortsetzung folgt». Die ersten drei Nummern dieser Bibliographie schlagen wie auf einer Stimmgabel den lebenslang durchgehaltenen Ton an:

«1907. Der Maler und Zeichner Wolfgang Huber. Diss.

1910. E Hämpfeli Lieder (eingel. von R..R.). - Basler Jahrbuch 1910. S. 137 ff. [Es handelt sich, wie man weiss, um Verse Jacob Burckhardts.]

1911. Die Orgelflügel Hans Holbeins d.J. - S.Bl. d. B.N. Jg. 6, 1911, Nr. 24.»

Erst im Jahre 1925 taucht der erste Walliser Beitrag auf: «Kunstwerke des 15. und beginnenden 16.Jahrhunderts im Wallis», ein Vortrag, der 1965 neu gedruckt worden ist. Der zeitlich letzte Aufsatz in dieser Bibliographie, 1954 erschienen, hat die Orgel von Valeria und ihre Instandstellung zum Thema.

Wenn einmal, so ist hier das Pensum von dem, der es bewältigte, nicht zu trennen. Über das hinaus, was er wirkte und schrieb, war Rudolf Riggenbach eine Figur, ja eine Stadtfigur, und als solche während vieler Jahre wohl die volkstümlichste Verkörperung von Basels Traditionen, als da sind Humanismus und Universitas, Gelehrsamkeit, Kennertum und Liebe zu Künstlern, urbane Geselligkeit und ätzende, nie verletzende Médisance, Gläser- und Trommelklang. Wer in Basel populär sein will, muss es ertragen, an der Fasnacht auf die Steckenlaterne genommen zu werden; ihm wurde die Ehre zuteil, dass eine ganze Clique mit Weste, Hütchen und kurzgeschnittenem, grauem Bart in Gestalt trommelnder Riggenbache einherschritt, unter dem Beifall der Menge angeführt vom Doktor Rudolf Riggenbach in Person. Seine Art zu reden, das ihm einer Sprachhemmung wegen in früher Kindheit angewöhnte, nie mehr preisgegebene Füllwort «e Ding, e Ding», das ihm den Übernamen Dingedinge eingetragen hat, sein Pathos und nasales Anschwellen der Stimme mit begleitendem Erheben der Arme, wobei sich der Rock auseinandertat (die Innentaschen ohnehin mit Zigarren und Papieren, Ansichtskarten usw. prall gefüllt), dann das Innehalten im Redefluss und verklärte In-die-Luft-Schauen, während die Pointe bei den Zuhörern zur Wirkung kam: all dies war unnachahmlich, obwohl immerdar nachgeahmt. Die Anekdoten von ihm und über ihn versorgten, zu Dutzenden herumgeboten, durch Jahrzehnte hin die Stadt Basel mit Stoff. War er krank, wurde die Krankheit von dieser Stadt mit Teilnahme und Besorgnis verfolgt: wie herzlich war die Begrüssung, als er nach einer solchen in der Kunsthalle zu einer seiner beliebt-gefürchteten Vernissagereden auf zwei ihm befreundete Maler erschien! Glückliches Basel, einen Mann wie diesen in seinen Mauern ge-

kannt, ihn umhergehen gesehen zu haben, wie er dem
Rhein entlang ins Kleine Klingental oder stadteinwärts und in den «Schlüssel» bog! Die ihn kannten,
bewahren sein Bild, seine Geste zeitlebens als Besitz in
sich auf, und wenn sie davon reden, müssen sie, um
das Bild zum Sprechen zu bringen, sich selber einbeziehen.

In Basel kannte ihn jedes Kind. Er hatte wache, gütige Augen, eine breite, etwas knollige, rot durchblutete Nase mit Äderchen und ganz kleinen Härchen
drauf, einen guten Mund, umrahmt von grauem, später fast weissem Bart, der vor grossen Ohren ins
Haupthaar überging, das Stirn und Schläfen freiliess.
Haar und Bart waren immer etwas durcheinander,
aber auf selbstverständliche Art. Als er im Tessin dem
Maler Pauli zum Porträtieren sitzen sollte und sich
vorher, um recht stattlich zu sein, beides stutzen liess,
erschien er dem verzweifelten Künstler so unbrauchbar, dass dieser den Beginn der Sitzungen um vierzehn Tage hinausschob. Der Körper war füllig, mit
weichem Kragen, zerknitterter Krawatte, mit Weste,
Hosen, weitem Rock, kurzem Mantel irgendwie angetan. Das Hütchen aus weichem Filz sass, vielfach
strapaziert und mitgenommen, etwas zu klein auf
dem Kopf. Er war stets in Bewegung, bis er sich irgendwo zu Trank und Rauchen behaglich niederliess,
die Oberschenkel gleichmässig ausgewinkelt, in der
einen Hand die Zigarre, die andere auf dem Schenkel,

bis er bei einer plastischen Schilderung, den Daumen leicht abgestreckt, beide Hände, um Genauigkeit ringend, zu kreisender, fast visionärer Bewegung emporhob. So sass er, wo immer es war: in seinem Bureau überm ziehenden Rhein vor überhäuftem Schreibtisch, wo er vom topographischen Zeichner Emanuel Büchel sprach (dem er eine leider nie vollendete Studie gewidmet hat); mit Freunden im «Braunen Mutz»; im «Adler» in Mammern, wo er zur Kur war und von dort mit Vorliebe das Kloster St. Georgen besuchte; im «Hôtel Trois Couronnes» in Brig; im «Terminus» in Fribourg, wo der schwere betagte Mann am hellichten Tage auf der Treppe, sich laut sprechend umwendend, den Tritt verfehlte, kopfüber stürzte, zum Schrecken der Begleiter sich wie eine Katze ein ganzes Stockwerk hinabkugeln liess und heil unten ankam. Weil er viel sprach, konnte er auch viel verschweigen; zu Kindern war er von rührender Zartheit und mit einem Gedächtnis, das ihn vom einen zum nächsten Besuch nicht im Stich liess. Frauen gegenüber zeigte der Junggeselle sich aufmerksam und von heiterer Höflichkeit. Er konnte ausgelassen sein, etwa wenn er nach dem Morgenstreich im «Schlüssel» einem das Du anbot, das dann auch im gewöhnlichen Alltag unverbrüchlich galt, oder wenn er im Wallis bei Fendant und Raclette eine improvisierte Glanzrede hielt, um so geistreicher, als ein alt Bundesrat anwesend war, was ihm zu seinem Behagen erlaubte, jeden Abschnitt dieser Rede mit einem gravitätischen «Herr Bundesroot» zu beginnen.

Er hatte bei allem Reichtum seiner Natur aber auch seine Zaghaftigkeiten, konnte handkehrum trübsinnig sich selbst und sein eigenes Leben betrachten: dass er doch eigentlich, was er sich gewünscht, nirgends erreicht habe, was freilich kein Wunder sei unter den Bedingungen, die ihm seine Jugend und frühen Mannesjahre so schwer gemacht – es klang ein Ton durch, der erahnen liess, wie das einzigartige und genialische Wesen unseres Freundes, dem wir alle so von Herzen zugetan waren, auf einem Grund von Gefährdung und Tragik erwachsen war, ja nur auf ihm sich so und nicht anders zu entfalten vermochte. Die trübe Anwandlung ging vorüber, er liess sich zusprechen, und wieder war man, wo man ihn gerne hatte, bei seinen Erinnerungen an Daniel Burckhardt, an Haiggi Müller, an Monsignore Feurstein oder Prof. Hans Rott, denen allen er über den Tod hinaus Treue hielt und die er in jenen Nachrufen feierte, von denen eingangs die Rede war. Bei einigen, so bei Daniel Burckhardt, hielt er die Totenrede, die einem Abenteuer gleichkam, da es mit schwarzer «Hätzle», Manuskript, den tückischen Stufen und unnützen Blumen in der Abdankungshalle und anderen Umständen, nicht zuletzt auch mit der eigenen Emotion fertig zu werden galt, was seine Freunde unter den Trauergästen mit Sorge und mühsam verhehlter Erheiterung verfolgten. Indes, es ging meistens gut und die Rührung war eine doppelte. Auch bei sogenannten Augenscheinen war es ein Ereignis, wenn er das Wort ergriff. Vor restaurierten Fresken in einer alten Kirche hob er bescheiden an: leider verstehe er von dieser Epoche nichts, auch könne er sich nicht äussern, da er bei dieser Restaurierung ja nichts zu sagen gehabt; er werde höchstens wie ein zum Consilium herbeigerufener Arzt seine unmassgebliche Meinung abgeben. Wenn er also etwas zu sagen hätte, dürfte er allerdings nicht verschweigen – und nun nahm er seinen Regenschirm herauf, stach gegen das Fresko und rief in drohendem Ton: «Celui qui a fait ceci est un criminel!», welche Meinung er mit Argumenten begründete, die jeden Verantwortlichen, der etwa zugegen war, reichlich mit Nahrung versah. Das Überschwenken vom Scherz zum Ernst, das echte Ergrimmen auch kennzeichnete Riggenbach; plötzlich spürte man das Ethos, merkte man, wie sehr es ihm um die Sache ging, wie hinter dem «Original», das die Welt in ihm sehen wollte, sich der genaue, verantwortungsbewusste Gelehrte verbarg. So kämpfte er mit offenem Visier gegen den Unfug von «Son et Lumière» auf seiner geliebten Valeria. Besonders aufschlussreich war die Sorgfalt seiner Handschrift in Aufsätzen und Briefen, jenes altväterisch daruntergesetzten Namenszuges Dr. Rudolf Riggenbach. Und so war er auch ganz Auge, wenn er eine Ausstellung besichtigte, sei es von

Totentänzen oder des Werkes seines Freundes Otto Staiger, das er mit hatte hängen helfen, oder eine Neuanschaffung in einem Museum. Sein Ernst war es, der ihn dann wieder zu souveränen Scherzen ermächtigte, so dass er sagen konnte: «Waisch, i bi allewyl froh, wenn i heer, dass wieder sone langwylige Schyberiss usem siebzähte Johrhundert uff Dingedinge Melbourne abgwanderet isch!» O und darauf sein unschuldig abwartendes In-die-Luft-Schauen – was gäbe man dafür, es noch einmal mitzuerleben!

Aber schon sind es Jahre, dass Rudolf Riggenbach uns verliess. Auch in den letzten Wochen schweren Krankenlagers im Claraspital war er, zum Trost seiner eigenen, lebenslang getreuen Schwester Marianne, seiner Verwandten, seiner Freunde, seines Arztes, noch immer er selbst: urban, nach seinem eigenen Wort «überraschend geduldig», aber gezeichnet und ihnen ferne gerückt. Wie gerne hätte er das neuerstandene Wocher-Panorama in Thun noch geschaut, wie gerne seinen achtzigsten Geburtstag gefeiert, er, der ein Weihnachtskind war! Es hat nicht sein sollen. Uns bleibt die Dankbarkeit, und es gibt Stunden, jene heimlichen, unversehens geschenkten, da lebt seine Erscheinung, seine Stimme, ein Wort von ihm auf, dessen man sich gemeinsam erinnert, der Alltag bekommt eine hellere Note, man hört von ferne Trommel- und Pfeifenklang, lauscht einer nachhallenden, nie ganz verstummenden Melodie.

RUDOLF VON TAVEL

Wenn man zu ihm hereintrat, in das geräumige helle Arbeitszimmer seines viktorianischen Hauses Schosshaldenstrasse Nr. 22, stand er vom Schreibtisch am Fenster auf, kam einem entgegen, am Papierkorb in Form einer grossen schwarzrot geflammten Trommel vorbei, streckte die Hand aus und sagte heiter, mit sonorer, ruhiger Stimme: «Grüess di, hüt git's de wieder Suurchabis und Caramelchöpfli!» Ich war Progymnasiast und wurde jeden Donnerstag zum Mittagessen erwartet. Zwei Speisen widerstanden mir unter allen, die zwei soeben genannten, was die Gastgeber bald herausgefunden. Aus dem Sessel am andern breiten Fenster erhob sich nun die Gattin, währschafte Bernerin, legte die Kreuzstickerei ab, drückte den Jungen an ihren Busen und beschwichtigte: «Eh das wird's jitz öppe nid grad hüt müesse gä!» Scherzend ging man hinüber zu Tisch, sprach etwa von der bevorstehenden Aufführung im Kasinosaal, «Par Respect de l'Amour», die eine Gruppe von Liebhabern aus befreundeten Berner Häusern einübte. Der Autor selber führte Regie. Frühere Male hatte er mitgespielt, aber er war zu bedächtig und hatte die Einsätze verpasst («Herrschaft, me meinti nid, er heig das Stück sälber gschribe», hatte seine Frau als Zuschauerin einmal dazu bemerkt) –, so dass er künftig darauf Verzicht tat. Auch mir war, in Zipfelmütze und roter Weste, eine Statistenrolle im Volk zugeteilt, in welcher ich bei den Proben glücklich zugegen war. Geduldig führte Rudolf von Tavel die Schauspieler, bis die Evokation eines einheimischen Dixhuitième in Kostüm, Geste und im Berndeutschen – so nuanciert in den verschiedenen Ständen – seiner Vorstellung ganz entsprach. Es war die Geschichte einer Schultheissenwitwe, die nach Rückkehr ins Leben begehrt und nur den einen Wunsch hat: no einisch Chünigin sy. Die Gattin des nachmaligen Bundesrats von Steiger machte diese Rolle in jedem Betracht zur echten, plausiblen Figur. Was Wunder, dass dem mittlerweile ins Gymnasium Aufgerückten die Umtriebe, in die das Spiel ihn versetzte, Anlass boten, selbst ein Stück in berndeutscher Sprache zu schreiben! Die Lektüre von Jakob Freys Novelle «Die Waise von Holligen» gab die Fabel von einem sagenhaften Holliger Ring ein, dessen Verlust Unglück bringt. Daraus entstand eine Liebesgeschichte von Henriette, Tochter des Adrian von Jenner, zwischen dem unerwünschten Liebhaber namens Amiel und dem ersehnten Gabriel von Büren – dieser just der Hölle der Tuilerien entronnen –; die Zofe Clara entwendet, um die Heldin von jenem zu diesem zu führen, den Ring, der, im kritischen Augenblick wieder gefunden, die glückliche Wende herbeiführt. «Der guldig Glücksbott» hiess das harmlose Stücklein, dem Rudolf von Tavel seine dramaturgische Lenkung zuteil werden liess. Nach Durchlesen des ersten Entwurfs füllte er die Seiten – Rückseiten dreier Programmblätter einer Aufführung «Di gfreutischti Frou» vom Dezember 1922 – sechs Jahre vorher –, mit seiner kalligraphischen Schrift zuhanden des Lehrlings. Da stand unter anderm zu lesen:

«1. Einheit der Handlung. Daher Verknüpfung notwendig. Schlage vor: Clara hat Bedauern und Verständnis mit Henriette, versteckt daher den Ring, in der Absicht, ihn im rechten Moment zurückzugeben. Die beiden sind gut Freund.

Der Ring sollte eher eine Gemme oder sonst einen Edelstein enthalten, an den sich die Familiensage knüpft, er bringe Glück. Verlust des Ringes bringt Unglück. Beispiele aus der Familiengeschichte. Deshalb will die abergläubige Mama einstweilen von einer Heirat überhaupt nichts wissen. Papa Jenner dagegen glaubt nicht an die Familiensage der Holligen und will die Verlobung mit Amiel durchsetzen.

Henriette, die heimlich an Gabriel grosses Wohlgefallen gefunden und denkt, da er dem Pariser Blutbad auf seltsame Weise entronnen, sei er der ihr bestimmte Mann, täuscht vor, an der Soirée sei ihr plötzlich das Herz entfallen wegen des Verlustes des Rings. Deshalb habe sie die Flucht ergriffen. (Me gseht grad, dass es nid sy söll, sünsch wär mr dä Ring nid grad jitz abhande cho.) Die Handschuhe, die sie der Clara schenken will, hat sie von Amiel zum Geschenk erhalten. Als der Ring zum Vorschein kommt, gesteht sie alles: Das Misstrauen der Familie weicht. Man sagt ihr wüst, ist ihr aber doch dankbar und vergibt ihr.

Die Mama glaubt nun erst recht an eine glückliche Fügung und an die Zauberkraft des Rings. –

Eine Szene zwischen Adrian und Frau zeigt, wie nüchtern und gerade Adrian ist, so ganz alt Bern. Er meint, er brauche nur zu befehlen und alles komme zurecht. Deshalb will er ein Gericht über die Diensten ergehen lassen. Der Ring sei einfach gestohlen. – Die Mama Amélie hingegen glaubt an ein Verhängnis und warnt, man sollte mit den Diensten sänftiglich umgehen und sie nicht mit Verdacht froissieren.

Er gibt nicht nach, verhört eines nach dem andern (zum Entsetzen der Frau und Gabrielens). Clara zieht sich durch kluge Antworten draus und heuchelt grosse Entrüstung. Die andern Diensten ergehen sich in furchtbaren Entrüstungsausbrüchen, während Clara sich bald beruhigt, woran der Zuhörer erkennt, dass sie nicht unschuldig ist. Aber es darf noch nicht herauskommen. Eventuell geraten Jean (das Faktotum) und Clara in Streit, weil Jean sagt: Wenn öpper ne gstole het, so bisch du's.

In der Schlussszene sagt dann Jean, Clara sei doch eine gschydi Chrott und macht ihr einen Antrag. Sie aber sagt, eher nähme sie den dummen Bräntebänz als eine, wo mir zuetrouet, i chönnt der Herrschaft öppis gstole ha. –

2. Alles aus dem Charakter heraus entwickeln. Der Zufall darf keine Rolle spielen.

3. Die welschen Brocken nur da, wo der Berner glaubt, sich durch sie klarer und netter ausdrücken zu können. Bärndütsch dänke, französisch rede.

Umgekehrt sollte Amiel französisch dänken und bärndütsch rede.

4. Unterschied zwischen ds. und z'.

5. An die Regie denken. Es darf hinter der Szene nicht zu schnell gehen (z. B. beim Klingeln oder Anziehen, ins Rathaus gehen usw.).

Auf der Szene darf es keine toten Momente geben. Ein allgemeines Schweigen nur dann, wenn man just durch das Schweigen und den Stillstand der Handlung etwas sagen will.»

Das Stück, selbst ein jugendlicher Tavel-Spiegel, wurde in Anwesenheit des Paten öffentlich aus der Taufe gehoben und fand den freundlichen Beifall der Stadt. –

So hilfsbereit wie dem Schüler gegenüber war Rudolf von Tavel gegen jedermann, auf mannigfache Weise. Er war damals bereits freier Schriftsteller, der mit grosser Regelmässigkeit jedes zweite Jahr seine berndeutschen Romane herausbrachte, 1925 «Ds verlorne Lied», ein Buch voller Herzenspoesie, 1927 die liebenswerte Spätbiedermeier-Erzählung «Veteranezyt», in der er die äussere Schosshalde mit den aus Neapel heimgekehrten Offizieren und ihren Familien bevölkert; 1929 «Der Frondeur», die Geschichte jenes Umgetriebenen, der von seinem Landsitz Turnälle bis in die Bleikammern Venedigs gelangt («Um Weihnachten herum hoffe ich das Vergnügen zu haben, dich der Nobildonna *Michaela* Candiani aus Venedig vorzustellen», heisst es am 10. Juni 1929 in einem Brief); schliesslich die grossen historischen Romane, 1931 das Lebensbild des Adrian von Bubenberg, «Ring i der Chetti», und 1933, in unguter Zeit, den Niklaus Manuel-Roman «Meischter und Ritter». Während der Arbeit am dritten Werk dieser Art, «Ds Schwärt vo Loupe», mit der Hauptfigur des Rudolf von Erlach, starb er am 18. Oktober 1934 im fahrenden Zug von Chexbres nach Bern, von der Seite seiner Gattin weg schmerzlos an Herzschlag. Der Maler Cuno Amiet schrieb damals an die Witwe diesen Brief:

«Der gütige Gott hat einem Menschen die göttliche Liebe gezeigt: offenbare sie deinen Mitmenschen und lass sie daran teilnehmen.

Der Mensch ergreift, was ihm habhaft ist: den Gehorsam, die Achtsamkeit, die Treue, die Selbstenteignung, den Ernst, den Humor und noch andere schöne Tugenden. Mit Hilfe ihrer preist er ein ganzes Leben lang kraftvoll die göttliche Liebe, nährt die Hungrigen, sättigt die Dürstenden, hilft den Lahmen, macht die Tauben hörend und die Blinden sehend.

Der liebe Gott war zufrieden mit dem Menschen und hat ihn gütig an sein Herz gedrückt.

Und Sie, verehrte liebe Frau, haben diesem unerhörten Schauspiel in der nächsten Nähe beigewohnt, mitgeholfen viele Tausende zu beglücken. Viele Tausende trauern mit Ihnen.

Zu innerst in der Trauer glüht aber das Glück der göttlichen Liebe.»

Was Rudolf von Tavel in bezug auf seine historischen Romane empfand, zeigt der Entwurf zu einem Vorwort, das er für den «Frondeur» erwogen hat:

«Warum gerade ‹Frondeur›? Weil ich im Grund meiner Seele selber ‹Frondeur› bin, allerdings gebändigt durch Familientradition, religiöse Überzeugung und politisches Pflichtbewusstsein. Aber dann und wann einmal muss man seinem elementaren Herzenszug Luft gönnen. Es geschieht besser durch künstlerisches Schaffen als durch Mitreden in der Politik. Die künstlerische Form bewahrt vor den Entgleisungen des Temperaments, vor dem Unrechttun am Nächsten, *der auch das Recht zu einer eigenen Meinung hat. Was in künstlerischer Form geboten wird, versteht der, dem es gilt, am besten* (Kursivgedrucktes im Original durchgestrichen). Und wenn ich das Bild zurückschiebe, in vergangene Zeiten, deren Resultat wir heute kennen, so schiebe ich es aus dem Gezänk der

Gegenwart, die wir ja doch nicht überschauen, hinaus und helfe damit auch dem Leser, unbefangen an das Problem heranzutreten. Was unsere moderne Welt bewegt, findet trotz den Fortschritten der Zivilisation immer irgendwo in der Geschichte seine Parallelen. Nicht die Zivilisation, sondern die Kultur ist wichtig für die Dichtung und die Kultur war lange vor uns da. Eine Parallele fand ich ungesucht zwischen unserer Nachkriegszeit und der Zeit der absoluten Staatswirtschaft nach dem 30jährigen Krieg, in welcher eine zugleich weitsichtige und väterlich-ängstliche Politik unser Vaterland regierte.

Da hinein stelle ich meinen ‹Frondeur›, nicht eine historische Figur, aber eine aus dem Zeitbild heraus empfundene und doch heute noch gültige.»

Aus dem Zeitbild heraus empfunden und doch heute noch gültig: dies erklärt vielleicht das unverwüstliche Weiterleben der Bücher Rudolf von Tavels Jahrzehnte nach seinem Tod, auch der früheren von «Jä gäll, so geit's» bis «D'Haselmuus» und «Unspunne». Was er mit seiner kühnen Entscheidung, berndeutsch zu schreiben, die eine Inspiration des über Dreissigjährigen war, für das Fortleben der bernischen Sprache und Art getan hat, ist mehr, als der Berner von heute ahnt. Tavel selbst hätte keinen Dank beansprucht, denn auch ihm war die Devise *Servir et disparaître* selbstverständliche Pflicht. Durchdrungen von Güte, von Liebe zum Mitmenschen, zur Kreatur überhaupt, und von einem nie verletzenden urköstlichen Humor, dessen seine Bücher auch in tragischen Peripetien nie ganz entraten, war er ein Mensch, der unter Kämpfen früh zum Glauben durchgefunden hatte, aber sein Bekenntnis nicht lehrte, sondern lebte; nicht von ungefähr war Niklaus von Flüe die Gestalt, von der er sich immer stärker angezogen fühlte. Heiterkeit ging von ihm aus, sie durchwaltete auch sein Haus, die Eltern hatten es gebaut, von seiner frühsten Kinder- und Studienzeit sowie von Reisen abgesehen wohnte er sein Lebtag darin. Den Blick über den Rasen des sanft geneigten Gartens und den kleinen See im Egelmöösli weit in das Bernerland bis zum Alpenkranz hat er einmal mit Blei gezeichnet und mit dem Spruch versehen: «Vom Einfang in die Fernen, Vom Herd ins Heimatland, Vom Staube zu den Sternen, Ins Licht vom Grabesrand.»

Zwischen irdischer und ewiger Heimat vollzog sich ihm alles Geschehen, und manchmal, in Not- und Todesstunden, rückten sie dicht zusammen, nie blieb Trost ganz versagt. Von Geborgenheit sah sich umfangen, wer ihm gegenübertrat. Zahllosen hat er geholfen durch Rat, durch Tat und oft genug allein durch die Ausstrahlung seines Daseins, das in der Gewissheit der Gotteskindschaft weder physische noch metaphysische Angst einliess. –

Er war gross, stattlich, die Hände trocken, wie sie Ärzten eigen sind, so wie seine Erscheinung überhaupt der eines Arztes glich. Im Sitzen hielt er den Kopf etwas schräg, dieser zeigte einen grosslippigen Mund, durchblutete Wangen und eher dünnes, seitwärts gescheiteltes Haar und auf den Brillengläsern immer ein freundliches Blinken. Er war bedächtig in Gebärde, Schrift, Wort – dadurch ein unvergleichlicher Vorleser seiner Werke. Die Langsamkeit des Knaben hatte ihn in manche Schulnot gebracht, es wurde nichts übersprungen, auch nicht in seiner kräftig und lieblich blühenden Phantasie. Die Manuskripte seiner Bücher, im Schloss Jegenstorf aufbewahrt, zeigen wie seine Briefe, die er, seit er ein Kind war, gerne mit Berndeutschbrocken durchsetzte, die ruhig-schöne Strömung seines Geistes. Auf die Übersendung einer alten Photographie von schweizerischen Neapolitaner Offizieren auf Gaëta dankte er mit den Worten:

«Gestern habe ich dann die Belagerung von Gaëta wieder nachgelesen und die Erklärung des Bildes gefunden. Der grüsliche Hach neben der Königin ist der General von Schumacher. Ob nicht ein wenig Bosheit des Malers dabei ist, dass er diesen vornehmen Hofmann benutzte als wirksamen Kontrast zur Königin...?»

Wirksame Kontraste sind eines der Mittel seiner Kunst. Kontrastreich in anderem Sinne, sich zur Vortrefflichkeit ergänzend, waren Rudolf von Tavel und seine lebhaft mitarbeitende Frau Adele. In beispielhafter Rüstigkeit verkörperte sie jenes unverfälschte Bernertum, das in der Nähe kräftigt und nährt und zu dem man sich in der Ferne zurückwünscht. Da war kein Raum für halbwahre Sentimentalität und verlegenes Drumherumreden, da war das Leben trotz mancher Verzichte und herber Schläge ein ungebeugtes Dennoch und tapferes Vorwärtsgehen.

Sie hat ihren Gatten um mehr als dreissig Jahre überlebt und sich der Verbreitung seines Werkes bis in ihr hohes Alter tätig angenommen, glücklich, dass es weiterhin unverminderte Aufnahme fand. Einer seiner aufmerksamsten Leser wurde Professor Max Huber in Zürich, der dankbar den empfangenen Eindruck bekannte: «Das Werk Rudolf von Tavels ist wohl eine der tiefsten, stärksten Laienpredigten, die das Schweizervolk hören kann, eine Predigt, die ebenso tapfer und offen als unaufdringlich ist, ebenso unbeschwert von Theologie als echt biblisch, ebenso von Herzen kommend als zu Herzen gehend.»

KARL WOLFSKEHL

Man hört und liest jetzt viel von Karl Wolfskehl, seine Briefe aus dem Exil sind erschienen, die gesammelten Werke; Freunde melden sich allenthalben zum Wort. Der sich selbst Hiob nannte, erntet nun späten postumen Ruhm. Im Gedächtnis ist mir der Dezembermorgen des bösen Jahres 33, als man in Minusio den Dichter George zu Grabe trug. Wir standen erst in der Kapelle um den zwischen Lorbeer aufgebahrten Sarg, Freunde und Gefährten, darunter einige Frauen; ich kam neben Karl Wolfskehl zu stehen, eine grosse massige Gestalt. Einige trugen den Sarg durch den Friedhof zur Mauer, senkten ihn ins gruftartige offene Grab. Ludwig Thormaehlen bat mich, seine Blumen, die ich in Händen hielt, mit hinunterzugeben; im Gefühl, wir täten besser, alle mit hinunterzusteigen, begann ich diese Blumen hinabzuwerfen, jemand wollte dem Einhalt gebieten, als schon die Platte über die Öffnung geschoben wurde. Noch sehe ich Karl Wolfskehls Haupt im Profil, das etwas wirre lange Haar und die Gebärde, wie er die schwere Hand hebt zum letzten Gruss: erfülltes Leben, Abschied, Verzicht lagen darin, Vorahnung dessen, was schon auf ihn zukam, Trauer, Einverständnis und Mass, all dies und mehr in einem blossen Handerheben. Dann verstreuten sich alle, hinaus in die Welt, jedes seinem Schicksal entgegen.

Wolfskehl blieb zunächst in der Schweiz, ging dann nach Italien. Noch einmal sah ich ihn wieder, und wieder an einem Sarg. Es gibt Tage, an denen der Beziehungsreichtum, der an Menschen und Orten haftet, sich unvergleichlich offenbart. In Raron war am 8. Oktober 1937 zweiundsiebzigjährig der Maler Melchior Lechter gestorben, und da ich mich in der Nähe aufhielt, folgte ich der Aufforderung von Wilhelm Stein, ihn zu begleiten, die Zahl der zur Teilnahme an der Bestattung Erreichbaren werde ohnehin kaum beträchtlich sein. In Brig sollten wir uns abends treffen, auch Karl Wolfskehl würde erwartet, von Recco her, wo er jetzt lebte. In der matten Bahnsteigbeleuchtung sahen wir die mächtige Gestalt tastend aus dem Wagen steigen, halb geführt von seinem Begleiter, ohne den er, sagte er bei der Begrüssung, beinah schon vor dem Tunnel ausgestiegen wäre.

Im Hotel Victoria, dem Bahnhof gegenüber, blieben wir noch eine Stunde beisammen. Das Versteckspiel der ersten Begegnung Georges mit Lechter wurde erzählt; der Maler selber erstand, ein Meister des Jugendstils und der Buchkunst, seine erhabene Kindlichkeit, sein Werkertum, sein Drang nach Vergeistigung. «So ein lauterer Mensch», sagte Wolfskehl, und die ganze Liebe und rühmende Bewunderung, deren er fähig war, klangen auf. Während Wolfskehl erzählte, suchten seine halb oder fast ganz blinden Augen hinter den dicken Gläsern vergangene Bilder herauf. Dann erhob er sich, nahm meinen Arm, um mit erstaunlicher Wendigkeit durch Tische und Stühle und an den Eisenstützen des Speisesaals vorbei zum Ausgang zu finden. Im kleinen Telephonzimmer bat er mich, die Verbindung mit Montana, mit Walter Robert Corti herzustellen, der dort krank liege und den er am nächsten Nachmittag besuchen wolle. «Ich bin hier zur Beerdigung Lechter», teilte er ihm fast geschäftsmässig mit.

In der Bahn nach Raron, am nächsten Morgen, entspann sich eine Unterhaltung über Volkssprache, Lautverschiebung und Mundart, über das Berndeutsch, das Wolfskehl an uns wahrgenommen hatte; auch hier wusste er Bescheid, lebhaft erkundigte er sich nach Otto von Greyerz. Dann sprach er von Bern und brachte die hübsche Wendung vom Bild der Stadt: in Bern sei das alles wie vom lieben Gott in guter Laune hingebaut.

Im Haus, in dem Lechter gestorben war, begrüsste uns Herr Salzgeber, der Posthalter des Dorfes, der dem Maler zur Seite gestanden hatte, und Frau Hanna Bauer, die hilfreiche Begleiterin Lechters. Wir traten in eine geräumige, weissgetäfelte Stube, an den Wänden Ahnenbilder, in den Ecken ein Bett, ein Kachelofen, in der Mitte, von Stühlen umgeben, ein grossflächiger, runder Tisch. In peinlicher Ordnung lagen Kreiden, Flaschen, Farbtuben; auf dem Tischchen vor dem Ofen neben persönlichen Dingen ein Notizzettel mit allerlei noch zu besorgendem kleinem Bedarf, Eau de Cologne stand da unter anderem in des Malers kunstvoller, gleichmässig bedeckender Schrift aus Majuskeln, und ich erinnere mich an jenen köstlichen Wortwechsel zwischen ihm und George, den Robert Boehringer überliefert hat: «Stefan, wenn Sie schreiben, kann es nicht dick genug sein, und wenn Sie drucken, kann es nicht dünn genug sein.» – «Und wenn Sie schreiben, kann es nicht dünn genug sein, und wenn Sie drucken, kann es nicht dick genug sein.»

Das Nebenzimmer, gleich tief wie das vordre, aber schmal und einfenstrig, enthielt jetzt den offenen Sarg, in dem auf weissem Kissen der weissgekleidete Lechter ruhte. Kleine Astern waren darübergestreut; ein rosiger Schein, nicht Leichenblässe, lag auf dem bäuerlich runden Gesicht unter dem grauen Haar. Die Hände waren kraftvoll und fein zugleich, unverbraucht und sichtbar voll Tüchtigkeit, nun lagen drei Rosen darin. Als Freund hatte der Tod seines Amtes gewaltet und den verschönt, der sein Lebtag der Schönheit des Lebens gedient. Heiterkeit, nichts Trauriges, ging von dem fromm geschmückten Schläfer aus.

Männer des Dorfes trugen den Sarg vor die Haustür, auf die kleine Terrasse über der Strasse, die zum

Kirchfelsen emporführt. Im Turm begann die Glocke zu läuten, während sich von der Kirche her der Priester mit dem Kreuz in den Händen dem Hause näherte. Vorab ein Messbub, der das Räucherfass schwang, dahinter zwei, die Buch und Messglocke trugen, struppige Schöpfe über weissen Ministrantenhemden, darunter Bergschuhe. Nach dem Gebet hoben die vier Männer den Sarg auf die Schultern, und der Zug der Freunde, dem sich viele Dorfbewohner anschlossen, bewegte sich langsam zur Kirche hinauf. Nach der Messe trat der Pfarrer dicht an den Sarg, die Anrufung Melchior Lechters aus Münster in Westfalen erklang wie die Aufnahme in die Schar der heimischen Toten. Des zum Zeichen ertönte, von den Raronern gesungen, der schlichte Choral von der Empore herab.

Dann nahm die Erde ihn auf. Das Grab lag in einer Ecke der Felsterrasse unweit der Kirche, den andern Gräbern gegenüber, unter einer Akazie mit verzweigtem Stamm und wehendem Geäst. Nach dem Gebet des Priesters trat einer der Freunde vor und las den Brief, den Lechter ihm am Vortag des Todes geschrieben und der begann: «Die Raroner Zeit neigt sich dem Ende zu.» Darin war beschrieben, wie der langgehegte Plan, Rilkes Grabstätte zu malen, nach Widerständen sich endlich erfüllte, wie das Werk unter tausend Mühen den Wettern der letzten Tage und Wochen habe abgerungen werden müssen, so dass dem Ansturm das Herz fast erlegen sei. Wie er zum Triptychon, das er gemalt, noch einen Rahmen schnitzen wollte, mit Gold und Steinen verziert, eine Arbeit für die langen Winternächte, «wie freue ich mich darauf!». Wie dankbar es ihn stimme, dass ihm der all-liebende Geist noch solche Aufgaben stelle. Dann vom eben vollendeten Pastell, das morgen noch zu fixieren sei.

Nun trat Wolfskehl herzu, fast wäre er über die aufgeschüttete Erde gestürzt, so dass sich hilfsbereite Hände von allen Seiten entgegenstreckten. Er nahm die Schaufel, füllte sie dreimal, polternd schlugen die Schollen auf den Brettern des Sarges auf.

Zusammen waren sie, als ihn Wolfskehl besucht hatte, in der Landschaft von Siders gewandert wie einst auf sagenhaft gewordener Indienfahrt, fast ans Bild gemahnend, auf dem der Blinde den Lahmen führt, nur dass an Begeisterung es ihnen keiner der Jüngeren gleichtat.

Nach dem Essen betraten wir noch einmal das Haus, wo wir Lechters Pastelle dieser Walliser Zeit zu sehen bekamen: den Turm Muzot, die Eingangslaube, das Rosenbäumchen, den Brunnen, die Aussicht, wie sie Rilke geliebt, «mit Ausblicken ins Tal, auf die Berghänge und in die wunderbarsten Tiefen des Himmels». Dann von Raron ein Blick aus dem Fenster hinauf zur Kirche, als das Wetter den Gang auf den Felsen verbot, mit dramatischem Wolkengeschiebe, von Lechter selbst das «Vorspiel» genannt, die drei Hauptbilder mit Rilkes Grab: eines von vorne, das «Mittagsbild», die zwei andern nach Osten und Westen im Abendschein, mit Fluten von Rosen. Wolfskehl stand davor, man wusste nicht, wieviel er wahrnahm, einer sagte: «Wirklich, es ist wie ein Triptychon», worauf Wolfskehl in breitem Darmstädtisch: «Nain, des is koi Dribtischon, des is e Drilochie!»

Es wurde Zeit, sich zu trennen. Tief beugte ich mich über die Hand des grossartigen Mannes, des einstigen Schwabinger Zeus; er verstand die Abschiedsgebärde, neigte lange und stumm sein Haupt. Im Mai 1938 schiffte er sich nach Neuseeland ein, wo er in Auckland am 30. Juni 1948 starb. In Briefen und Gesängen ist das reiche Erbe seines einsamsten Jahrzehnts bewahrt.

STEFAN GEORGE

Wenn ich mir nach Jahrzehnten das Bild des Dichters wieder aufrufe, so sehe ich ihn, wie oft seither, nicht anders als damals am 16. November 1931 in Minusio zum erstenmal. Zwar wusste ich (denn dazu war ich hergefahren, plötzlich und ohne Anmeldung), dass ich zu ihm geführt wurde, aussen die steinernen Stufen des Molino dell'Orso hinauf, an Kamelien und Lorbeer vorbei und durch die Glastür ins Atelierzimmer tretend; aber es war doch unglaublich, wie er da auf einmal im Raume stand, mässig gross, weisshaarigen Hauptes, halb abgewandt. Als er die Schritte hörte, drehte er mit der ihm eigenen Wendung den Kopf herum.

Um ihn war Gefahr und Witterung der Gefahr. Hugo von Hofmannsthal hat, als Knabe noch, dies so gefühlt, dass es in seinem «Der Prophet» betitelten Gedichte heisst: «Und er kann töten, ohne zu berühren.» Man hatte vor ihm zu bestehen, und die Angst zu versagen war nie ganz gebannt. Und doch ging Geborgenheit von ihm aus. Denn die Gefahr hatte einem ja nicht der Dichter mit seiner Person zugedacht, sondern es war Gefahr, Gefährdung das ihm von jeher auferlegte Lebenselement. Etwas dergleichen hat Alexander Zschokke empfunden, als er eines Tages das Gesicht des Dichters gespannt und verletzbar wie eine Glaskugel fand, und Robert Boehringer hat auch das Dämonische am Meister gezeigt. In diese Gefahrenzone begab sich, wer zu ihm kam, aber man fühlte sich wunderbar von ihm selbst beschützt.

Ich war achtzehnjährig und hatte mir jegliche Begleitung auf dem Gang in die Höhle des Löwen verbeten. Nun also trat ich über die Schwelle, die so vielen als unüberschreitbar galt, zuversichtlich, erwartungsbang, und da stand der Dichter, der als Stern über meinem Leben geschienen, leibhaft mitten im Raum, ein unwiederholbarer Augenblick.

In allem widersprach er meiner bisherigen Vorstellung. Zunächst: er thronte nicht, er stand, war beweglich, er ging herum, auf und ab im Zimmer, den Arm in den des Besuchers gehängt, lebhaft fragend, im voraus begreifend, mit raschen eisblauen Blicken zu mir herauf. Um den Hals, der gleich in die gewölbte Brust und Schulter überging, schlang sich die weisse Binde, die das matt olivene Antlitz mit der leicht vorgeschobenen Unterlippe und den dunkeltonigen Augenhöhlen sich so festlich abheben liess. Er war nicht gross, aber alles Volumen schien oben, noch durch die Mähne verstärkt, die ihm sehr dicht und trocken rückwärts und seitwärts hing. Unten wirkte er schlank, und trotz der blossen Wollweste, die er trug, erschien er in seiner nie hastigen, auch nicht langsamen romanischen Gebärdung, durch die Art, wie er ging, wie er die Zigarette zwischen den Fingern hielt, ja noch wie die Halbschuhe an den Füssen sassen, als vollkommene Verbindung von Landmann und Grandseigneur, der über unabsehbare Ländereien gebietet. Viel später lernte ich Wölfflin kennen, seine fast zögernde Rede, seinen bedachtsam gemessenen Gang – George war in der Bewegung, im spontanen Sichgeben, in der Art seiner Zuwendung das völlige Gegenteil.

Nichts Feierliches, doch waltete immer das Festliche. Er sprach die Mundart seiner rheinischen Heimat (wie überraschend zuerst auch dies), aber seine vom Augenblick geführte Rede bestand aus viel mehr, konnte Spott und Seufzer und zärtliches Raunen sein, war durchsetzt mit Ausrufen aus seinem eigenen Vokabular.

Er würdigte mein keckes überraschendes Erscheinen und auch die Eleganz meiner Krawatte (ich hatte sie noch just vor der Abfahrt am Zürcher Bahnhof gekauft); er wollte wissen, ob ich Griechisch könne und ob der Vorname in meinem Fall christlicher oder jüdischer Herkunft sei. Er nahm auch einmal meine Hände vor, aus denen er viel ersehen könne. Es gab Tee und Zwieback, später Wein und selbstgedrehte Zigaretten aus blondem oder schwarzem Tabak. Dazwischen wollte er mich lesen hören, Gedichte nach eigener Wahl; ich stand, während er sass, auch Frank, der Freund und Bildhauer, der ihn damals begleitete, war mit dabei. Ich begann zu lesen, Gedichte aus dem «Jahr der Seele»,

«Du willst mir ein Reich der sonne stiften»

und andere. Er korrigierte mit kurzen Zwischenrufen, wollte gewisse Betonungen mehr nach dem Sinn, etwa Ich und Du deutlicher unterschieden haben, und ganz zauberhaft war, wenn er selbst ein Wort als Beispiel formte, ihm Laut gab mit wissendem Mund, oder auch, selten, einen ganzen Vers in seiner Kadenz vorsagte, sachte und zarten Tons, dass er einem für immer im Ohr haften blieb. Dieser Unterricht (wie nötig hatte ich ihn) setzte sich an den paar folgenden Tagen fort, mit Lesungen Franks, wobei mir der Dichter das eigentümlich volle Schwingen beim Lesen mit Franks früherer Tätigkeit als Chorknabe in der Kirche erläuterte – und dann, zur Feststellung des Fortschrittes, wieder von mir.

Er hatte für das Lesen von Gedichten keine Doktrin. Er wünschte, dass man die Silben nicht verschlucke, sondern die Worte, die Zeile voll ausklingen lasse, so dass es keine Überdeckungen gab. Man sprach auch darüber, wie andere gelesen, wie verschieden jeder vom andern, wie dramatisch schwellend etwa Max Kommerell. Es ist ja nicht wahr, dass er nach starren Regeln band und lenkte und eigene Entwicklung nicht förderte, dafür stehen viele Namen – jeder von ihnen hat auch anders gelesen, in der Verlautbarung einer Strophe tat die Art eines jeden sich kund, und so hiess er den, der zu ihm kam, sogleich lesen, und sie taten es, «furchtbar aufgeregt, mit trockenem Gaumen», wie ich.

Immer wieder kam die Rede auf Dichtung, auf Stellen aus dem zweiten Faust, aus Hölderlins Pindar, aus Dante und Michelangelo. Was man bevorzugte, was man liebte, auch auf andern Gebieten der Kunst, wie man sich betätigte, das wollte er wissen, das interessierte ihn. Ob ich tanzen könne, fragte er bei Gelegenheit, legte einmal auch die Hand an meinen Körper und sagte: «Da muss es liegen, da.» Seine Erinnerung an jede Stufe des eigenen Lebens, an die Zeit der Münchner Kosmiker etwa, war dicht und genau. Er hatte seine Menschen alle im Kopf, so viele es waren, die Lebenden und die Toten, die Nahen und die Entrückten. Von den ihm Nahen sprach er am liebsten, so damals, ohne andere als die von ihm verliehenen Namen zu nennen, von Berthold Stauffenberg, von Ludwig Thormaehlen, in dessen Berliner Wohnung an der Albrecht Achilles-Strasse er sich tagsüber aufhielt (er verriet das Klingelzeichen, auf das hin mir dort geöffnet würde), und, besonders zu mir gewandt, von Wilhelm Stein.

Und viel kam die Rede auf den jungen, im Vorjahr jäh verstorbenen Dichter Johann Anton, dessen Bildnis und Grabmal er mich sehen, dessen Verse er mich hören liess, und dessen Schicksal er im Gedicht vom Sommervogel in den «Traurigen Tänzen», das eben gelesen wurde, erkannte: «s'ist wie eine Vorahnung vom Hansel». In Menschen dachte er unentwegt, und fast immer war, was ich hörte, Anerkennung, Bewunderung, Liebe. Briefe der Seinen, Zeichen, Berichte erfreuten ihn; er ermunterte sie dazu, viel brauche ja nicht drin zu stehn, aber ein bisschen wenig sei es doch, wenn man auch gar nichts zu schreiben wisse, und als er sagte, ich möge ihm weiterhin schicken, was etwa an Versen komme, wurden Blick und Stimme inständig ernst. Er erzählte auch vom Schweizer, der eines Tages am Schlossberg in Heidelberg Gedichte für ihn abgegeben, sich dann aber selbst nicht habe einlassen wollen, und die Gedichte seien «gar nicht schlecht» gewesen.

Der Umgang, den er gewährte, bedeutete ein unaufhörliches Spiel, bei dem man sich zugleich entspannte und auf der Hut war. Seine blosse Gegenwart entlarvte jede disharmonische Gebärde. In der Luft um ihn konnte es blitzen wie von blank gekreuzten Klingen, schwirren wie von Bällen, die man zu fangen hatte und die man zurückwarf – ohne äussere Anstrengung. Man scherzte, er lächelte, listig, hintergründig, augurenhaft, es war da ein Heimliches, man spürte, dass er auch seinen Spass haben, ein bisschen nur auf seine Rechnung kommen wollte. Man liess sich gehen, aber ehe man sich's versah, kam eine Bemerkung wie diese: «Das Menschliche, das behagt euch: wenn man menschlich ist mit euch», und stellte so mit einem Ruck das Unselbstverständliche, das Atemraubende des geglückten Wagnisses her. Manchmal hatte er etwas Vulkanisches, man spürte im Innern die Ballung einer ungeheuren glühenden Kraft. Und wieder, wenn die Fensterläden geschlossen, die herbeigetragene Lampe die Dämmerung nur im nächsten Umkreis erhellte, wenn er sich hinlegte, während wir redeten, verwandelte sich das Atelier, in dem wir sassen, vollends. Erschien er am Tage von mittelmeerischer Urbanität, war die Luft um ihn nun wie von tiefem Geheimnis durchwebt. Unvergesslich hat dies Hans Brasch erzählt, in seiner Darstellung ist nach soviel Jahren noch die olympische Leuchtkraft solcher Gespräche zu spüren.

Hatte man sich abends von ihm getrennt, brach ein Wirbel von Gedanken und Empfindungen in einem los. Wie durch einen Sturm, wie versengt von so starker Ausstrahlung ging man dahin, und doch war er voller Fürsorge gewesen. Aber ob man standhielt, ob man ihm, von dem man in Fülle empfing, nicht zu karg, zu geizig, zu herzensarm gegenüberstanden, ob man ihm nicht zu wenig geboten habe, das beschäftigte einen in den Stunden, bis man ihn wieder sah.

Das war dann zum Spaziergang, zu dem man sich vor dem Molino traf. Von keiner Seite einzusehen lag hinter Tannen das dicht an den Rand eines Tobels gerückte Haus; ein grosser Weingarten mit Reihen von Rebgehängen, der Strasse gegenüber erhöht, breitete sich daneben aus, eine Pergola führte hindurch. In der Mauer öffnete sich, scheinbar unwillig, eine alte klösterliche Tür. Davor stand er mit Frank, beide in der grossen Baskenmütze, er in dunklem Mantel oder Pelerine, in der Hand einen Stock, etwas unwirsch, wenn man verspätet kam.

Wie leichte Tropfen schwebten Klänge von den Glockentürmen hinweg, lösten sich auf in der Luft. Er ging zwischen uns beiden hin; mit andern Augen, verklärt, sah man die Landschaft, das milde und klare Licht, man sprach von Wein, der noch zu besorgen war, sah auf das alte Gemäuer im Dorf. Er wies auf die Inschrift überm Gnadenbild an der Kapelle, gegenüber dem Brunnen: «Vere Menusiensium Gratiarum Fons», auf eine alte verwitternde Malerei, es war November, träg und silbern glänzte der See zwischen den Zypressen des Friedhofs und dem Turm von San Quirico herauf – auch dies ein unaufhaltsam verrinnender Augenblick!

Dann der Abschied: jedesmal anders, schwer zu bestehen, weil jedesmal ein heil Gefügtes durch äussere Macht zerriss. Einmal gab er mir das Geleite den halben Weg bis zur Bahn, blieb oben stehen, während ich die Strasse hinunterging, er winkte – sein Blick, der Umriss seiner Gestalt, was hätte ich nicht gegeben, um hinauszuzögern, dass er entschwand! Das nächstemal, da er sich nicht so wohl fühlte, währte es sehr kurz an der Tür, nur in den Augen das ganze Geschehn.

Das dritte Mal, nun in Heiden im Appenzell, rief er mich nochmals zurück; es war für immer das letzte Mal. Das war anderthalb Jahre nach dem ersten Besuch, im Sommer, und man schrieb 1933. Er wirkte damals um vieles älter, beladen vom Alter, vom Werk, vom Schicksal, das um ihn geschah. War man im Nebenzimmer, drangen Seufzer und halbe Rufe durch die Wand, die einen hinhören machten und die einen erschütterten, auch kurze Sätze wie dieser: «Wir sind gestraft.» Man ging auf der Promenade unter wilden Kastanien, setzte sich auf die Bank, blickte übers weite schwäbische Meer, hinüber nach Deutschland, das er dann nicht mehr betrat. Im November wurde er krank vom Molino in eine Klinik in Muralto verbracht, wo er in der Frühe des 4. Dezember fünfundsechzigjährig verschied. In der kleinen Kapelle des Friedhofs in Minusio wurde er aufgebahrt, seine Getreuen hielten nach Anordnung des Grafen Claus von Stauffenberg zwei Tage und zwei Nächte die Totenwacht, in der Frühe des 6. Dezember wurde er in eine Gruft an der Mauer versenkt. Blumen und Lorbeer, auch einige Reben, deckten gehäuft die Platte über dem Grab.

Oft bin ich seither in all den Jahren von Krieg und Wirrnis an dieser Stätte gestanden. Oft auch habe ich mich gefragt, wie um einen Dichter wie diesen so grosse Missverständnisse möglich sind. Das menschliche Wesen, das einmal da war, sei, nach einem Gedanken Hofmannsthals, dem Tod zu überantworten, ja – ausser in den wenigen treuen Herzen einiger Menschen – der Vergessenheit. Die Werke ganz allein haben den schweren geheimen Kampf aufzunehmen «mit den feindseligen nächstfolgenden Dezennien – diesen fast hoffnungslos scheinenden Kampf – aus dem dann, wenn er siegreich bestanden ist, ein neues geisterhaftes Wesen mit solcher Kraft als Sieger hervorgeht und unantastbar dasteht».

HINWEISE

Die zweite, 1971 erschienene Auflage von «Rat der Alten» wurde gegenüber der ersten von 1962 um das einleitende Kapitel, um die Stücke über Rudolf Riggenbach und Rudolf von Tavel sowie um den Epilog zu Gonzague de Reynold vermehrt, die vorliegende dritte Auflage um die Stücke über Robert Boehringer, Robert von Hirsch und Stefan George.

TAUBENFÜSSIGKEIT DER GRÖSSE. «Gedanken, die auf Taubenfüssen kommen, lenken die Welt» (Nietzsche).

Die Zitate im Einleitungskapitel sind folgenden Werken entnommen:

Robert Oppenheimer, Physics and Man's Understanding. In: Knowledge among Men. Eleven Essays on Science, Culture and Society commemorating the 200th Anniversary of the Birth of James Smithson. Washington, D.C. Smithsonian Institution 1966, S. 143.

Maxim Gorki, Erinnerungen an Leo N. Tolstoi. Inselbücherei Nr. 158, S. 15, 65.

Theodor Storm, Meine Erinnerungen an Eduard Mörike. In: Sämtliche Werke, herausgegeben von Friedrich Düsel. Berlin, Th. Knaur Nachf. o. J., Band 2, S. 879.

Franz Grillparzer bei Goethe 1. Oktober 1826. In: Goethes Gespräche, 2. Teil. Goethe-Gedenkausgabe 1949, Zürich, Artemis-Verlag, 1950, Band 23, S. 456, Nr. 1849.

Conrad Ferdinand Meyer, Erinnerungen an Gottfried Keller. In: Eduard Korrodi, Geisteserbe der Schweiz. Erlenbach Zürich, Eugen Rentsch Verlag, 2. Auflage, o. J., S. 304.

1. BERNARD BERENSON, geb. in Litauen 1865, gest. in Settignano 1959. Kunstgelehrter, Kenner, Sammler.

2. LUDWIG CURTIUS, geb. in Augsburg 1874, gest. in Rom 1954. Professor der klassischen Archäologie in Deutschland 1908–1928. Direktor des Deutschen Archäologischen Instituts in Rom 1928–1937.

Das Zitat von Karl Eugen Gass auf S. 38 stammt aus dessen Nachlassband «Pisaner Tagebuch», Heidelberg 1961, S. 357. – Die Goethe-Verse auf S. 41, u. a. in der Grossherzog Wilhelm Ernst-Ausgabe des Insel-Verlags, Ausgabe 1920, Band 15, S. 428 veröffentlicht, hat Paul-Emile Schazmann im Gutenberg-Jahrbuch 1955, S. 339 kommentiert.

Zu S. 45: «Il bello è ...» vgl. den Ausspruch des hl. Thomas von Aquin: «Pulchra enim dicuntur quae visu placent» (Summa theol. p. I, q. 5, a. 4, ad 1.).

3. Filippo Doria, geb. in Rom 1886, gest. ebenda 1958. Letzter Fürst Doria-Pamphilj.

Die auf S. 49 erwähnten drei Zeichnungen zur Geschichte Alexanders des Grossen hat Robert L. Wyss im Jahrbuch des Bernischen Historischen Museums 1955/56, S. 86, veröffentlicht. Die Bemerkung Hugo Wagners zu Caravaggios «Ruhe auf der Flucht» findet sich in seiner Monographie «Michelangelo da Caravaggio», Bern, Eicher & Co., 1958, S. 50.

4. Pius XI. Achille Ratti, geb. in Desio 1857, gest. in Rom 1939. Zum Papst gewählt 1922.

5. Gonzague de Reynold, geb. in Freiburg im Uechtland 1880, gest. ebenda 1970. Professor der französischen Literatur in Bern 1915–1932, in Freiburg 1932–1950.

«*Tibi corde, Reynold*»: so unterschrieb er mit grossgeschwungenem Namenszug gerne die Briefe an seine Freunde.

6. Theodor Heuss, geb. in Brackenheim (Württemberg) 1884, gest. 1963. Erster Präsident der Bundesrepublik Deutschland 1949–1959.

7. Robert Boehringer, geb. in Winnenden 1884, gest. in Genf 1974. Nationalökonom, der langjährig in der pharmazeutischen Industrie Basel tätig

war. Seit 1932 als freier Gelehrter, Dichter und Philantrop in Genf.

8. CARL J. BURCKHARDT, geb. in Basel 1891, gest. in Genf 1974. Professor der Geschichte seit 1927. Hoher Kommissar des Völkerbundes in Danzig 1937–1939. Langjähriges Mitglied, 1944–1948 Präsident des Internationalen Komitees vom Roten Kreuz. Gesandter der Schweizerischen Eidgenossenschaft in Paris 1945–1950.

Die Briefstelle Hofmannsthals auf S. 117 (aus Rodaun, 10. Juli 1917) ist dem Briefwechsel Hugo v. Hofmannsthal-Eberhard v. Bodenhausen, Briefe der Freundschaft, Eugen Diederichs, 1953 S. 234, entnommen.

Die auf S. 118 erwähnte Studie «Wiederaufnahme einer alten Arbeit» findet sich in der Freundesgabe für Ernst Robert Curtius, Bern, Francke, 1956.

9. HEINRICH WÖLFFLIN, geb. in Winterthur 1864, gest. in Zürich 1945. Professor der Kunstgeschichte in Basel seit 1893, in Berlin seit 1901, in München seit 1912, in Zürich 1924–1934.

Die zitierten Briefstellen auf S. 122 ff. entstammen Briefen Wölfflins an Frau Anna Bühler-Koller in Winterthur (geb. 1869, gest. 1927), im Besitz der Familie. Der auf S. 126 erwähnte Waldhof war das Landgut der Familie Wölfflin in Winterthur.

HINWEISE

10. Oskar Reinhart, geb. in Winterthur 1885, gest. ebenda 1965. Sein Lebenswerk ist die «Stiftung Oskar Reinhart» (Museum deutscher, österreichischer und schweizerischer Malerei seit dem 18. Jahrhundert) und die der Eidgenossenschaft übermachte Sammlung Oskar Reinhart «Am Römerholz», beide in Winterthur.

11. Robert von Hirsch, geb. in Frankfurt a. M. 1883, gest. in Basel 1977. Lederfabrikant und Kunstsammler, seit 1933 in Basel niedergelassen.

12. Rudolf Riggenbach, geb. in Basel 1882, gest. ebenda 1962. Basler Denkmalpfleger.

13. Rudolf von Tavel, geb. in Bern 1868, gest. auf der Heimreise von Chexbres nach Bern 1934. Berner Mundart-Schriftsteller.

14. Karl Wolfskehl, geb. in Darmstadt 1869, gest. in Auckland (Neuseeland) 1948. Dichter.

15. Stefan George, geb. in Büdesheim 1868, gest. in Muralto 1933. Dichter.

Die Stücke 1, 2, 3, 5, 8, 9, 13, 14 und 15 sind, zum Teil in etwas anderer Fassung, im Laufe der Jahre 1955–1970 in der «Neuen Zürcher Zeitung» erschienen, die Erinnerung an Robert Boehringer in einem Privatdruck zum 5. Todestag am 9. Aug. 1979, diejenige an Heinrich Wölfflin unter dem Titel «Besuche im Sihlgarten», ausserdem in «Robert Boehringer. Eine Freundesgabe». Tübingen, J. C. B. Mohr (Paul Siebeck) 1957 sowie als Jahresgabe «Über Heinrich Wölfflin», mit vierzehn Briefen an Anna Bühler-Koller im H. Huber Verlag Bern 1970, «Robert Boehringer gewidmet». «Robert von Hirsch» erschien in kürzerer Fassung im Ausstellungskatalog «Meisterwerke aus der Sammlung Robert von Hirsch erworben für deutsche Museen», Bonn-Bad Godesberg 1979, auf englisch in «The Robert von Hirsch Collection Vol. V. The Collector, his House and Bequests». Sotheby's London 1979. «Rudolf Riggenbach» kam zuerst in einem gleichnamigen Gedenkbuch bei der Freiwilligen Denkmalpflege Basel 1965, «Stefan George» auch in «George-Triptychon», Verlag H. Küpper vorm. G. Bondi, Düsseldorf-München 1972 heraus.